DE

# L'ORGANISATION JUDICIAIRE
# EN ALLEMAGNE

## ÉTUDE

SUR LE

### PROJET DE LOI PRÉSENTÉ AU PARLEMENT FÉDÉRAL.

PAR

### Léon DUBARLE

SUBSTITUT PRÈS LE TRIBUNAL DE JOIGNY

PARIS

A. COTILLON ET Cie, ÉDITEURS, LIBRAIRES DU CONSEIL D'ETAT

24, rue Soufflot, 24

1876

DE

# L'ORGANISATION JUDICIAIRE

# EN ALLEMAGNE

DE

# L'ORGANISATION JUDICIAIRE

# EN ALLEMAGNE

—

## ÉTUDE

SUR LE

## PROJET DE LOI PRÉSENTÉ AU PARLEMENT FÉDÉRAL

PAR

### Léon DUBARLE

Docteur en Droit
Substitut près le Tribunal de Joigny

1876

DE

## L'ORGANISATION JUDICIAIRE

# EN ALLEMAGNE.

—

## ÉTUDE

SUR LE

### PROJET DE LOI PRÉSENTÉ AU PARLEMENT FÉDÉRAL.

———

Le 8 décembre 1870, l'Empire allemand était proclamé; la victoire avait achevé en l'illustrant l'œuvre pacifique de la philosophie et de la science, et sur les ruines de notre patrie mutilée la Prusse avait fondé l'unité allemande.

C'est une étrange histoire que celle de cette unité : le grand mouvement unitaire, qui, sur l'autre rive du Rhin, marque notre siècle, n'est pas l'explosion d'un patriotisme commun, l'effort spontané et généreux de peuples que l'histoire a divisés, et que la communauté du sang, l'identité des origines, du langage et des traditions rassemble pour en faire une nation; ce ne sont pas les débris d'un grand peuple qui, à travers les temps, se retrouvent et se rejoignent.

L'idée de l'unité est inconnue au moyen âge, et les vieilles bandes germaniques l'auraient considérée comme une menace et une atteinte à leurs libertés. Le goût national des indépendances provinciales, les traditions locales, les affections dynastiques, les intérêts, les mœurs, les rivalités et les guerres, tout y résiste.

1.

C'est dans les vers de ses poëtes, dans les leçons de ses philosophes et de ses professeurs, et peut-être aussi dans sa haine pour la
France, que l'Allemagne a pris conscience d'elle-même. Aux premiers jours de notre siècle, sous la main brutale du premier Empire,
elle se soulève aux chants de guerre de ses poëtes. Les outrages de
la domination étrangère réveillent l'esprit national. La chanson de
Arndt retentit et célèbre la grande patrie allemande; Uhland,
Fichte, Koerner lancent au peuple leurs enthousiasmes et leurs
haines, leurs cris de révolte et leurs appels aux armes : ils sont en-
tendus, l'Allemagne se redresse, la guerre lui apporte l'indépendance et lui laisse le patriotisme.

Puis la guerre s'éloigne, et bientôt le mouvement de 1813 s'ef-
face avec le souvenir de l'oppression; il n'a été qu'un effort
héroïque et passager, et l'Allemagne reprend ses rêves interrompus
de travaux pacifiques, de science et de littérature.

Ce n'était pas en vain cependant que la conscience nationale
avait tressailli : il était resté au fond des cœurs la mémoire du
sang versé et des luttes soutenues pour la même cause. Ses poëtes,
ses historiens, ses philosophes entrevoient dans leurs rêves une
Allemagne grande et une, maîtresse du monde par les armes et les
idées, conquérant par l'unité la place que lui assurent son étendue
et sa force. Ils la chantent dans leurs vers, ils la racontent dans
leurs récits, ils l'exposent dans leurs systèmes. La langue ne connaît pas les frontières politiques, la littérature ne s'arrête pas aux
limites des États, les professeurs allemands n'appartiennent pas à
une Université locale ou à une patrie restreinte; ils sont les hommes
de la grande patrie, de celle où résonne la langue allemande, la
célébrité et le talent font tomber les barrières provinciales, et
depuis Gervinus, missionnaires pacifiques, ils parcourent l'Allemagne.

A leur voix, elle se réveille. Apôtres convaincus de sa renais-
sance morale, ils lui inspirent un esprit nouveau, ils lui rappellent
ses origines, ils prophétisent son avenir, ils lui apprennent qu'elle
est une grande nation, et que dans la société européenne elle a
droit à une place prépondérante, ils lui enseignent ses droits, ils
réveillent ses convoitises et ses ardeurs, ils la soulèvent enfin sous
un souffle d'ambition extérieure et d'unité nationale.

Et c'est ainsi qu'ils jettent dans les esprits et dans les cœurs les
fondements de cette unité que les armes de la Prusse devaient
achever. La littérature a marqué le premier pas sur la voie de
l'unité allemande.

En même temps, le progrès de l'industrie et du commerce rap-

proche les provinces; les intérêts économiques se réunissent et
s'allient; le Zollverein se fonde, se développe, s'étend à travers la
multiplicité des États et l'enchevêtrement des frontières, et bientôt
il embrasse l'Allemagne. Institution pacifique, il réalise dans le
domaine des faits cette unité que la spéculation avait entrevue
dans ses rêves. C'est peut-être la plus grande œuvre de l'Allemagne
moderne; son influence domine les idées comme les intérêts, son
action est immense. C'est la mise en pratique du programme national, c'est le deuxième pas sur la voie de l'unité.

On peut suivre dès lors à travers les événements, les incidents
mouvementés de la politique et les complications sanglantes des
guerres, le développement constant et progressif de cette idée
d'unité que la littérature et l'enseignement ont révélée, et que
l'industrie, la première, a réalisée.

Le mouvement de 1848 éclate, le Parlement de Francfort se
réunit sous l'inspiration de passions nationales, il échoue. Dix ans
après, le *National-Verein* reprend son œuvre : c'est encore vers la
Prusse que se tournent toutes les espérances du parti unitaire; c'est
sous son épée qu'il rêve de réunir tous les membres de la patrie
allemande. La guerre de 1859 et l'imprudent principe des nationalités réveillent les inquiétudes, et excitent les ambitions; la haine
de la France cimente les aspirations unitaires, et enfin les écla-
tantes victoires de la Prusse en 1866 et en 1870 achèvent l'œuvre.
C'est autour de sa puissance guerrière que l'Allemagne vaincue et
éblouie est venue se ranger.

Et c'est ainsi que nous voyons apparaître sous cette triple influence de l'enseignement, du commerce et de la gloire militaire
une Allemagne, forte et une, que nos pères n'ont pas connue.

Cette unité, que notre siècle a créée, n'est donc pas sortie des
entrailles mêmes d'un peuple, qui semble au contraire né pour les
institutions fédérales ; elle ne s'est pas faite par la volonté libre et
spontanée de la nation ; ce n'est pas sa conscience qui s'est ré-
voltée contre la politique, et qui a brisé les liens dont l'avaient
chargée les hommes. Ce n'est pas d'en bas que le mouvement est
parti; c'est d'en haut, des classes instruites et éclairées qu'il est
descendu et qu'il s'est imposé. Il ne faut pas y voir le développement naturel et logique de la civilisation sous l'effort du patriotisme; cette unité, telle que la créent les diplomates prussiens, n'est
que le produit artificiel de la science allemande et l'œuvre d'un
acte de violence.

Quoi qu'il en soit, l'unité de l'Allemagne existe, elle est devenue un
fait. Ce fait, il faut qu'il soit indestructible; cette unité, qui n'est que

politique, il faut la consolider ; des hauteurs des conceptions diplomatiques il faut la faire descendre dans les mœurs, dans la vie même de la nation. Et depuis 1871, nous assistons au redoutable et incessant travail, qui a pour but de donner de la cohésion à des éléments si divers, d'enchaîner l'Allemagne dans ses institutions, d'enlever au patriotisme local ce qui en fait la force, les mœurs, les usages, les lois, de tout niveler enfin sous l'uniformité. « C'est seulement par « la création d'institutions durables, conformes à l'avenir de « l'Allemagne, que l'héritage de notre époque de sacrifice et « d'action peut être assuré », disait le président Delbrück, le 24 novembre 1870, à la séance d'ouverture du Reichstag. L'unité est venue d'en haut par l'enseignement, il faut l'achever par la législation. C'est ce but que poursuit le ministre qui préside à la grandeur de la Prusse. Les Allemands parlent la même langue, ils doivent obéir aux mêmes lois, supporter les mêmes charges, s'incliner devant les mêmes institutions ; l'impitoyable discipline menace leurs consciences, il semble que, pour cette politique prussienne, le nom du souverain soit le seul débris que puissent garder les peuples de leurs indépendances provinciales. Que deviendront les dynasties locales, lorsqu'elles ne seront plus que les témoins attardés d'un particularisme disparu ? Le jour de demain nous apprendra sans doute leur destinée ! Lorsque ce travail sera achevé, l'unité sera irrévocablement faite ; de la politique elle sera passée dans les mœurs, les complications extérieures se briseront contre elle sans pouvoir l'ébranler.

Ce but, le prince de Bismarck le poursuit avec cette ténacité dans les idées et cette audace dans l'exécution, qui sont les traits dominants de son génie : rien ne l'émeut, rien ne l'arrête, et c'est d'un pas relativement sûr que depuis cinq ans il marche droit devant lui dans la voie qu'il a ouverte.

La tâche était grande, et l'œuvre difficile. Partout l'empreinte du morcellement, partout la division, partout l'opposition des institutions et la diversité des lois. C'est dans la vie même de l'Allemagne que d'une main ferme il fallait porter la réforme.

Nous pouvons suivre avec un cruel intérêt les progrès de cette unification que chaque jour affirme.

C'est l'armée qui maintenant obéit au même chef et impose les mêmes charges ; c'est le Code pénal militaire qui réprime les mêmes infractions ; la loi sur le landsturm organise partout la défense, ou pour mieux dire l'attaque ; la loi sur les invalides, proclamant par la généralité de ses dispositions l'unité allemande et l'oubli du passé, réunit sous les mêmes bienfaits les rivaux et les ennemis de la veille, les blessés de 1848, de 1864, de 1866 et de 1870.

Une nationalité fédérale est instituée, l'indigénat commun est créé par la 6onstitution et confirmé par la loi du domicile de secours : l'Allemand a partout les mêmes droits à la bienfaisance officielle. La loi sur l'état civil et sur le mariage s'impose malgré les résistances, et partout l'identité de l'Allemand, membre de la *grande patrie*, est assurée par la constatation sous les mêmes formes des trois principaux actes de sa vie civile.

Une direction des chemins de fer est créée et centralise la surveillance.

Dans le domaine économique, les poids, les mesures, les monnaies, ces agents principaux des relations commerciales, sont entraînés dans le mouvement, et ils doivent, pénétrant dans les coins les plus reculés de l'Empire, attester cette unité qui se réalise.

Il n'est pas jusqu'au domaine religieux où ne se soit aventuré le Reichstag par la loi d'expulsion des Jésuites.

Enfin, dominant toutes les branches de la législation, de l'armée à la justice, une autorité centrale sous les ordres du chancelier de l'Empire dirige le mouvement unitaire et surveille les résistances locales.

C'est la même pensée d'unité qui a inspiré les nouvelles lois judiciaires. Déjà, un Code pénal allemand avait été promulgué ; il établissait l'unité des délits et des crimes ; son action s'étendait sur toute l'Allemagne. Le tribunal supérieur fédéral de commerce réunissait sous sa juridiction tous les États du nouvel Empire, et imposait une autorité commune. Ce n'était pas assez : le principe de l'unité avait été déposé dans l'administration de la justice, il fallait le développer, il fallait que le germe confié produisît de robustes rameaux et devînt un arbre vigoureux aux profondes racines. L'unité commerciale, l'unité pénale existaient ; l'unité du droit civil, l'unité de la procédure civile et criminelle, l'unité de l'organisation judiciaire, telles devaient être les nouvelles conquêtes de l'unification prussienne et le but de ses efforts. C'est ainsi seulement que, de l'Elbe au Rhin et de la mer au Danube, tous les Allemands pourraient se sentir membres d'une commune patrie, se glorifier d'avoir les mêmes droits, et jouir de la même manière « du vent « et du soleil ».

Le 29 novembre 1874, l'empereur d'Allemagne, à la séance d'ouverture du Reichstag, invitait le Parlement à établir l'unité d'organisation judiciaire et de procédure. Trois lois étaient déposées par le Conseil fédéral sur la procédure civile, l'instruction criminelle, l'organisation judiciaire. Ces lois sont maintenant étudiées par les commissions, et l'on peut prévoir le jour où la grande réforme qu'elles proposent sera accomplie. Ce jour-là, le lien national qui entoure et réunit tous les États indépendants n'aura pas seulement force et vie dans la lettre des traités et de la Constitution, il aura pénétré dans l'existence même des races allemandes, et la législation aura accompli l'œuvre pacifique qu'elle poursuit avec une infatigable activité.

C'est ainsi que s'élève rapidement dans ses vastes proportions, sur les plans primitifs et sur les lignes tracées par la politique prussienne, le nouvel édifice de l'unité allemande dont les lois judiciaires sont le couronnement. Elles affirment l'unité, elles l'introduisent sur le terrain pratique, dans la vie même de la nation, « dans sa chair et son sang (1) », elles la complètent, elles la consolident, elles assurent, en un mot, le lendemain de la conquête. Les princes souverains se sont vu arracher le commandement des armées, et ils ont perdu l'autorité militaire; la loi sur l'organisation judiciaire leur enlève la justice supérieure et fait tomber, suivant l'expression du Dr Lasker, les plus belles perles de leur couronne. « Dans vingt-cinq ans, s'écrie M. Windthorst, la maison « Wittelsbach aura le sort et la situation de la maison Ho-« henlohe. »

Voilà l'avenir que rêve ou que redoute l'Allemagne. Voilà l'importance politique des lois soumises au Reichstag, importance qu'a dû reconnaître le docteur Leonhardt, ministre de la justice en Prusse, dans le discours par lequel il les présentait à l'Empire.

Mais ce n'est pas seulement à ce point de vue que nous devons les étudier avec un triste intérêt; elles s'imposent à notre attention sous un autre rapport.

Un siècle bientôt se sera écoulé depuis le jour, où, devançant l'Europe, nous avons assis nos institutions judiciaires sur des bases que le temps n'a pas entamées et qui semblent définitives. Que reste-t il, devant la science, de ces vieilles institutions? Comment ont-elles traversé les temps et résisté aux leçons de l'expérience? Quelles défaillances ont été surprises? Quelles réformes sont devenues nécessaires? Sommes-nous restés stationnaires sur la voie que nous avions ouverte, au milieu de la société qui se transformait, ou bien les grandes lignes que nous avions tracées pouvaient-elles,

_____

(1) Ministre de la justice de Bavière, Dr von Faeustle, *Annalen des d. Reichs*, 1874, 241.

dans leur beauté et leur simplicité, défier le temps, l'expérience et la science?

Telle est la question qu'il faut nous adresser : il n'est pas sans intérêt de voir comment les Allemands l'ont résolue. C'est ce que je me propose de faire, en limitant cette étude au projet de loi sur l'organisation judiciaire.

L'organisation judiciaire offre un problème des plus intéressants et des plus complexes. A quels tribunaux faut-il confier la garde de la liberté et de la propriété des citoyens? Quelles doivent être leur organisation, leur hiérarchie, leur compétence? Quelles sont les limites de leurs attributions? Par quelles mesures leur impartialité et leur indépendance sont-elles assurées? leur recrutement facilité? Quelle part faut-il laisser à l'élément *laïc* (1)? Avec quels droits cet élément peut-il se combiner avec l'élément juridique, et participer à l'administration de la justice? Sous quelle forme, en un mot, peut-on arriver à une justice expérimentée, simple, expéditive et peu coûteuse? Questions que soulève toute loi d'organisation judiciaire, dignes de notre attention, car c'est à elles que se rattachent nos intérêts les plus chers.

La loi allemande sur l'organisation judiciaire n'est que la fraction d'un tout, une partie d'un vaste ensemble de lois qui ont pour objet de donner à l'Empire l'unité de procédure. Trois de ces lois sont déposées, la loi sur la procédure civile, la loi sur l'instruction criminelle, et la loi qui nous occupe. Le ministre D<sup>r</sup> Leonhardt a annoncé au Reichstag qu'elles seraient suivies d'une loi sur la faillite (2), d'une loi sur l'organisation des avocats devant le tribunal de l'Empire, et d'un tarif des frais de justice devant le même tribunal. C'est ainsi que s'achèvera l'œuvre de la réforme judiciaire.

Les trois premières lois ont été discutées en première lecture dans les séances des 24, 25, 26, 27 novembre 1874; sur la proposition du D<sup>r</sup> Lasker, elles ont été renvoyées à une commission de vingt-huit membres, nommés dans les bureaux, qui a pour mission d'étudier les projets, de préparer la deuxième et la troisième lecture et de diriger les discussions et les résolutions du Parlement. Elle se compose des membres suivants :

---

(1) Nous avons conservé l'expression allemande. C'est ainsi qu'on désigne tout élément, qui, sans faire partie de la hiérarchie judiciaire, à côté des membres gradués et professionnels des tribunaux, participe à l'administration de la justice, par exemple : les jurés, les juges consulaires, etc.

(2) Le projet de loi sur la faillite a été déposé et renvoyé par le Reichstag dans sa séance du 4 novembre 1875, à une commission spéciale, qui a commencé ses travaux le 10 novembre.

MM. Reichensperger (Olpe), membre de l'Obertribunal de Berlin; — v. Forcade de Biaix; — Mayer (Donauwörth); — Hauck; — v. Schöning; — v. Jagow; — Thilo; — docteur Schwarze, procureur général de Dresde; — Klotz; — Herz; — Eysoldt; — docteur Zinn; — docteur Lasker, avocat au Kammergericht de Berlin; — Marquardsen; — Miquel; — v. Puttkamer (Fraustadt); — Bernards; — Lieber; — Pfafferoth; — Krätzer; — Bähr (Kassel); — Becker (Oldenburg); — — docteur Gneist, professeur à l'Université de Berlin (1); — Grimm; — Völk; — Struckmann (Diepholz); — Wolffson; — et Gaupp. Les secrétaires sont : l'assesseur de justice prussien Sydow, docteur Seuffert, substitut du procureur d'État d'Augsburg, et l'*assistent* près le tribunal de cercle de Leipzig, Sueber. Des commissaires délégués par les États allemands assistent aux séances. La commission, dite *Zwischen Kommission* parce qu'elle doit continuer ses travaux dans l'intervalle des sessions législatives, s'est réunie le 26 janvier 1875 pour nommer le député Miquel président, et s'est prorogée jusqu'au 26 avril. A cette date, revenant sur la décision qu'elle avait prise, elle a laissé provisoirement de côté le projet de loi sur l'instruction criminelle, et a inauguré ses travaux par l'étude du projet de procédure civile. Elle l'a étudié successivement en première et deuxième lecture, ainsi que le projet d'instruction criminelle en première lecture.

Après s'être de nouveau séparée du 10 juillet au 1er septembre, elle est maintenant en permanence, et a abordé le 16 octobre le projet d'organisation judiciaire par les derniers titres (titres 12 et suiv.), afin de réserver les discussions importantes pour le moment où les membres bavarois, députés à la Chambre législative de Munich, seraient de retour.

La loi, *Gerichtsverfassungsgesetz*, se divise en 16 titres et 166 articles. Elle est accompagnée d'un exposé des motifs. Cet exposé est une étude intéressante par les développements historiques et scientifiques qu'il contient; c'est une défense convaincue du projet de loi, c'est un tableau curieux du morcellement judiciaire de l'Allemagne, ce n'est pas un document parlementaire. Le ministre Dr Leonhardt lui a enlevé toute son importance et toute sa valeur, en déclarant en termes formels que les Gouvernements allemands n'en acceptaient pas la responsabilité; il ne faut donc pas lui demander la pensée officielle, non plus que l'inspiration qui a

---

(1) Le Dr Gneist, ayant été nommé le 19 novembre 1875 membre du tribunal supérieur administratif, a dû déposer son mandat de député et par suite de membre de la commission.

dirigé l'œuvre du Conseil fédéral. Peut-être faut-il voir derrière cette réserve les dissentiments qui se sont élevés entre les différents États, et l'opposition secrète que le projet de loi a rencontrée.

Ce qui frappe tout d'abord à la lecture des 16 titres du projet, c'est le caractère incomplet, en quelque sorte fragmentaire, de la loi; ce n'est pas une œuvre d'ensemble, ce n'est pas de face, par ses grands côtés, dans ses larges proportions qu'elle a été abordée, et il n'est nullement question de doter l'Allemagne d'une institution prévoyant toutes les nécessités et satisfaisant à toutes les exigences de sa vie judiciaire. La tâche, d'ailleurs, eût été difficile, et se serait heurtée à de trop vives résistances locales.

L'article 4, n° 13, de la Constitution avait établi la compétence de l'Empire en matière de procédure : la réforme de la procédure n'est possible que si elle repose sur une base solide, commune à tous les États. Cette base, c'est l'organisation uniforme de la justice. L'unité de procédure est incompatible avec la diversité des tribunaux, une réforme est la condition indispensable de l'autre; des règles identiques ne peuvent être imposées à des instruments inégaux. C'est donc comme une annexe de ces lois que se présente la loi d'organisation judiciaire; elle en est le complément, ou pour mieux dire l'introduction; c'est à leur suite, sous leur ombre, avec timidité en quelque sorte, qu'elle se glisse dans la compétence de l'Empire.

En partant de ce principe, on ne s'étonne plus de trouver à chaque pas des lacunes; les grandes lignes seules sont tracées, suivant lesquelles doivent s'élever les lois de procédure. Rien dans le projet sur la fixation des ressorts judiciaires; — rien sur le recrutement des juges, sur les conditions de capacité exigées, sur leur installation et leur traitement; — rien sur l'inamovibilité, qui n'est pas même imposée à tous les États ; — rien sur l'avancement et le roulement; sera-t-il, comme en Prusse (1), abandonné à la discrétion de l'administration, et le Gouvernement pourra-t-il modifier au gré de sa politique la composition des députations pour assurer le succès d'une répression ? — rien sur les avocats, ces auxiliaires indispensables de la justice; seront-ils des fonctionnaires nommés par le souverain, ou bien la liberté du barreau sera-t-elle concédée à l'Allemagne? — Quelles seront les limites de la justice et de l'administration? Les tribunaux seront-ils chargés de la justice volontaire? Auront-ils la surveillance des tutelles, et la tenue des livres hypothécaires leur sera-t-elle con-

(1) Séance du Reichstag du 24 novembre 1874, discours du docteur Lasker.

fiée ? Se réserveront-ils, suivant la loi prussienne, par un monopole abusif, et s'attribueront-ils, par une concurrence désastreuse, toutes les fonctions que notre droit assigne aux notaires ? La justice, en un mot, sera-t-elle encombrée d'administration ? Toutes ces questions, étroitement liées à l'organisation judiciaire, la dominant en quelque sorte, seules capables de révéler l'esprit de la réforme, la valeur et la portée des institutions nouvelles, ne sont pas traitées par le projet de loi, elles échappent à la compétence de l'Empire, et sont abandonnées aux législations locales, seuls débris qui leur restent de la souveraineté judiciaire.

L'organisation des tribunaux chargés de la justice ordinaire contentieuse, voilà les limites du projet et les bornes dans lesquelles il se renferme. Aussi le D$^r$ Leonhardt a-t-il pu dire : « qu'il n'était pas à proprement parler une loi d'organisation « judiciaire, qu'il n'en portait que le nom et qu'il ne contenait « que les prescriptions indispensables pour servir de base à une « loi sur la procédure. » C'est avec ce caractère restreint qu'il se présente, et c'est à ce titre qu'il a soulevé les vives critiques des partisans passionnés de l'unité, et spécialement des députés D$^r$ Lasker, v. Schöning et D$^r$ Römer.

Ce serait un piquant tableau à tracer que celui du morcellement judiciaire de l'Allemagne, et il y aurait peut-être là une leçon pour l'orgueil germanique. Partout l'enchevêtrement des juridictions, l'opposition et la diversité des principes et des institutions. Toutes les formes de la justice, tous les systèmes de l'organisation judiciaire, toutes les combinaisons juridiques se mêlent, se croisent, se heurtent dans une confusion qui défie la description, conséquence de la confusion politique que le moyen âge a léguée à l'Allemagne. Elle n'a pas marché, en effet, d'un pas égal dans la voie du progrès, et, à côté des États qui sont gouvernés par les grandes règles politiques des sociétés modernes, on rencontre par exemple un duché de Mecklenburg-Schwerin, qui est resté attardé aux confins de la féodalité, immobile au milieu des institutions d'un autre âge. Ainsi, dans sa vie juridique, à côté du juge nommé par le souverain, rendant en son nom la justice, apparaît le juge ecclésiastique, ou bien encore une sorte de juge féodal qui doit son investiture à un noble patron.

Dans tout ce désordre, on ne peut distinguer que deux ou trois principes que toutes les législations ont adoptés : trois classes de tribunaux correspondant aux trois instances, les tribunaux de juridiction supérieure constitués en colléges de juges, la justice supérieure généralement rendue au nom de l'État ; en dehors de cela, tout n'est que confusion et chaos. Ici, la justice civile appartient en première instance à un juge (Hessen, Saxe-Altenburg, Lübeck, Lippe); là, elle est rendue indifféremment par un seul juge ou par des colléges de juges (Mecklenburg-Schwerin et Strelitz, Schaumburg-Lippe); ailleurs, le tribunal se modifie suivant l'importance des affaires. Ici, les colléges de juges sont des tribunaux distincts; là, ils sont formés par la réunion de plusieurs commissaires ou juges détachés. Dans les vieilles provinces de Prusse, en Saxe-Meiningen et Anhalt, la justice des *Bagatell-Sachen* est expédiée par des commissaires attachés aux tribunaux de cercle qui les délèguent; en Saxe, Bavière, Baden, Oldenburg, Braunschweig, etc., elle est confiée à des tribunaux indépendants. Ailleurs, en Württemberg, les *laïcs* participent à l'administration de la justice civile. Quelques États ont même introduit une quatrième instance : les pièces du procès sont adressées aux Facultés de droit des Universités, qui forment ainsi une dernière classe de tribunaux. Puis, à côté, apparaissent la justice patrimoniale et la justice ecclésiastique, les tribunaux d'exception spéciaux à certaines espèces d'affaires ou à certaines classes de personnes, les catégories de justiciables et les catégories de procès, et tout cela n'obéit pas dans sa diversité à une règle uniforme, mais se partage l'Allemagne suivant le caprice des Constitutions et les hasards des frontières politiques. « Vérité au deçà, erreur au delà », on peut à chaque pas appliquer à la justice le mot de Pascal.

Au criminel, le désordre est peut-être moins grand : à la division des infractions en crimes, délits et contraventions correspondent presque partout trois classes de tribunaux ; ce sont les principes mêmes de notre droit français. Un seul juge pour les contraventions, des colléges de juges pour les infractions plus graves, ce sont encore là des règles généralement suivies. Les différents États peuvent être rangés en trois catégories : à la première appartiennent ceux qui sont restés inaccessibles à toutes les réformes et étrangers à tous les progrès, Mecklenburg-Schwerin et Strelitz, Lippe, Schaumburg-Lippe, Saxe-Altenburg, et Lübeck : une seule classe de tribunaux, composés de juges, pour toutes les infractions, quelle qu'en soit la gravité. — Puis viennent les États qui ont confié l'administration de la justice criminelle à des tribunaux de juges, et au jury pour les crimes : Bavière, Hessen, Braunschweig, Saxe-Weimar, Saxe-Meiningen, Saxe-Coburg-Gotha, Anhalt, Schwarzburg-Sondershausen et Rudolstadt, Reusz, Waldeck et Alsace; ce sont les grandes lignes de l'organisation française. — Le troisième groupe comprend les États qui ont fait un pas de plus dans la voie que nous avions tracée par l'institution du jury; ils ont ouvert largement la justice à l'élément *laïc*, et l'ont introduit dans les instances inférieures : provinces annexées à la Prusse en 1866, Saxe, Württemberg, Baden, Oldenburg, Bremen et Hamburg. Dans chaque groupe, entre les États qui le composent, les divergences de détail sont nombreuses.

C'est à cet enchevêtrement des institutions juridiques, qui jette tant de troubles et d'obstacles dans la vie judiciaire de l'Allemagne, que le projet de loi a voulu porter remède : à la confusion doit succéder l'ordre, au chaos la simplicité, à la multiplicité des juridictions l'unité.

La justice sera rendue au nom du souverain par des tribunaux indépendants. La justice ecclésiastique et patrimoniale disparaît. La justice est civile ou criminelle : justice civile, elle est rendue en première instance par les tribunaux de bailliage, de district et de commerce; en dernière instance, par les tribunaux supérieurs. Les tribunaux de bailliage seuls sont composés d'un juge, les autres tribunaux ont une organisation collégiale. La justice criminelle appartient aux tribunaux d'échevins, aux chambres criminelles des tribunaux de district, et aux tribunaux de jurés. L'élément *laïc* est introduit dans la justice sous trois formes : échevins, jurés et juges de commerce. Une Cour supérieure, commune à tout l'Empire, est créée.

Tels sont les principes du projet d'organisation judiciaire soumis aux délibérations du Reichstag.

TITRE I. *De la justice, Gerichtsbarkeit*, articles 1-9. Le titre I traite de la justice en général, pose les bases de la nouvelle organisation et arrête les limites qui doivent la restreindre.

La justice ordinaire contentieuse est rendue par des tribunaux appelés *Amtsgerichte, Landgerichte, Handelsgerichte, Oberlandesgerichte* et *Reichsgericht*. Ce sont là les dénominations usitées généralement en Allemagne ; elles n'ont qu'un caractère générique, et rien ne s'oppose à ce que les tribunaux ne conservent des appellations consacrées par l'histoire et les traditions (*Kammergericht* de Berlin), ou justifiées par la compétence (*Stadtgericht*). Leur juridiction s'étend sur toutes les affaires de la justice civile, commerciale et criminelle.

En fixant dans les articles 1 et 2 les limites de l'organisation projetée, le projet de loi consacre implicitement l'indépendance absolue des tribunaux, supprime l'ingérence du pouvoir exécutif et sépare d'une façon définitive la justice de l'administration. Ces principes, qui sont si profondément entrés dans notre vie qu'il semble inutile de les rappeler, sont cependant encore méconnus dans quelques États de l'Allemagne. C'est ainsi que le duc de Saxe-Meiningen juge en personne les recours contre les décisions rendues par le tribunal supérieur d'appel sur une demande en délai formée par un débiteur dans le cours d'une procédure d'exécution. Dans les États de Mecklenburg, Altenburg et Lippe, la justice est rendue dans des cas déterminés, soit par les fonctionnaires administratifs, soit par les autorités municipales, et certaines branches de l'administration politique sont confiées aux tribunaux. Dans la principauté de Schaumburg-Lippe, l'administration est confondue avec la justice dans les juridictions inférieures. Dans le Württemberg et le grand-duché de Baden, les maires sont juges des affaires de peu d'importance.

A la compétence des tribunaux fixée par l'article 1, échappent seulement les affaires qui sont du domaine de la justice administrative, et ressortent aux tribunaux de conflit par exemple, ou aux tribunaux administratifs proprement dits, ou bien encore aux autorités chargées de juger les difficultés qui peuvent s'élever en matière de digues (Oldenburg).

Enfin, l'article 3 maintient expressément un certain nombre de tribunaux. Ce sont :

1° Tribunaux de navigation du Rhin et tribunaux douaniers de l'Elbe (*Rhein-Schifffahrts-u. Elb-Zollgerichte*), qui ont un caractère international et dont l'existence repose sur des traités passés avec la Hollande et l'Autriche (23 juin 1821, 13 août 1844, 17 octobre 1868). Leur compétence comprend les difficultés et contraventions qui se rapportent à la navigation. Les tribunaux analogues du Rhin et du Neckar, purement allemands, sont supprimés.

2° Tribunaux agraires, qui existent sous différents noms en Saxe, Prusse (*General Kommissionen*), Hessen, Saxe-Weimar, Saxe-Meiningen, Altenburg et Anhalt, et sont chargés du règlement des indemnités pour le rachat des servitudes, des droits seigneuriaux, des dîmes et faisances, et du jugement des difficultés en matière d'agriculture et de propriété foncière, etc.

3° Tribunaux communaux, *Gemeindegerichte*, en tant qu'ils n'auront qu'une juridiction civile et que la valeur des affaires oumises à leur compétence ne dépassera pas 60 marcs. Ce sont des institutions particulières au Württemberg et à Baden; consacrées par le temps et l'expérience, elles ont produit de bons résultats dans la pratique, et servent à décharger les tribunaux des causes les moins importantes qui leur seraient soumises.

Un chiffre prouve les services qu'ils rendent : en Württemberg, en 1871, 14,988 affaires ont été portées devant la justice des maires. Le maintien de ces tribunaux constitue une première dérogation au principe de la séparation de la justice et de l'administration.

4° Conseils de prud'hommes, *Gewerbegerichte*. C'est là une importation française que le législateur a cru devoir maintenir, quoique les résultats n'aient pas répondu aux espérances ; ces tribunaux n'ont pu se développer que dans la province rhénane, où la conquête française les avait établis ; introduits en Prusse par une ordonnance de 1849, ils sont tombés en désuétude. Ils se composent de membres, patrons et ouvriers, élus par leurs pairs : ils concilient et jugent les contestations qui peuvent surgir entre patrons et ouvriers. C'est une justice expéditive et peu coûteuse. Ils existent aussi en Saxe, où ils sont présidés par un fonctionnaire administratif nommé. Ils sont inconnus dans les autres États de l'Allemagne.

5° Tribunaux de police forestiers et ruraux, *Forst u. Feld-Rügegerichte*. Spéciaux aux États forestiers, ils ont pour but d'introduire une justice expéditive, et de décharger les tribunaux du nombre considérable d'affaires qui les surchargeraient de ce chef. En Prusse et en Hessen, ils n'ont pas une existence indépendante ; les affaires sont expédiées dans des sessions périodiques, *Forstgerichtstage*, tenues en présence du fonctionnaire forestier par un juge délégué. Le duché d'Anhalt seul a conservé avec ses formes antiques et naïves une de ces institutions, témoins d'un âge depuis longtemps disparu, qu'on salue comme une curiosité, ainsi que ces vieilles maisons de bois ou de pierre, aux façades peintes et sculptées, que le voyageur rencontre dans les anciennes villes de la Bavière et du Harz et qui charment la route ; il s'en exhale comme le parfum du passé. C'est un tribunal forestier compétent pour les territoires d'Abberode, Stangenrode et Tilkerode, qui se réunit deux fois par an, en plein air, au vieux château de chasse Volksmannsrode. N'est-ce pas là l'antique justice du moyen âge, avec ses échevins réunis tête nue et désarmés au milieu du peuple en armes, avec ses assises périodiques tenues en plein air, à ciel ouvert, au son des cloches, dans une forêt ou sur une montagne, dans un lieu consacré par la tradition ?

6° Tribunaux de simple police, *Polizeirügegerichte*, compétents pour les contraventions punies au maximum d'un emprisonnement de quatorze jours ou d'une amende de 60 marcs. C'est là une deuxième dérogation au principe de l'article 1.

On peut ajouter à cette énumération certains tribunaux qui n'ont pas un caractère judiciaire, comme les tribunaux disciplinaires ou les Cours de justice chargées de juger les ministres mis en accusation.

Ces tribunaux, que le projet de loi maintient, sont tous des institutions provinciales, particulières aux États qui les ont établis; ils n'ont aucun caractère fédéral et n'existent pas uniformément dans toute l'Allemagne. Leur création, leur suppression, leur orgänisation sont exclusivement de la compétence des législations locales. Leur maintien est une cohcession faite par l'Empire au sentiment particulariste.

Au contraire, le projet de loi supprime implicitement les tribunaux miniers, *Berggerichte*, de Saxe-Weimar et de Schwarzburg-Rudolstadt, — les tribunaux de Lübeck et de Hamburg, compétents pour les difficultés entre marins, — et à Hamburg la députation pour les émigrants, composée du chef de la police, d'un sénateur et de trois membres de la chambre de commerce, qui a pour mission de juger les difficultés pouvant s'élever entre les émigrants et les agents d'émigration ou les logeurs.

En même temps disparaît la justice universitaire, dont la compétence civile et criminelle s'étendait parfois, comme à Göttingen et à Rostock, en dehors des étudiants, sur les professeurs, leurs femmes et leurs enfants. C'était là une dérogation constante aux grands principes de l'unité de la justice et de l'égalité de tous devant la loi. Et cependant ceux qui l'ont connue ne peuvent s'empêcher de regretter cette justice paternelle, ces priviléges dont on abusait bien quelquefois, et ces mœurs qui donnaient une si pittoresque couleur à la vie universitaire; il semblait voir revivre notre vieille Sorbonne avec ses nations, ses colléges de clercs et ses étudiants batailleurs et savants.

L'article 4 introduit d'importantes réformes dans l'organisation judiciaire de l'Allemagne. C'est un nouveau pas qu'elle fait dans la voie de l'unité et un nouveau progrès qu'elle affirme. La justice sera rendue au nom du souverain par des tribunaux indépendants qui ne relèvent que de la loi. La justice seigneuriale, la justice ecclésiastique est abolie, les droits de présentation sont supprimés.

L'Allemagne avait en effet conservé ces antiques débris de la féodalité, et le moyen âge avait laissé son empreinte au XIX$^e$ siècle sur l'organisation judiciaire.

En Prusse, le duc von Arenberg-Meppen a gardé le droit de justice (1). C'est en son nom que la justice est rendue par les tribunaux

_____

(1) Dans la séance du 13 février 1875, la Chambre des députés de Prusse a voté, en troisième lecture, la suppression de cette justice, malgré la résistance du duc, le traité du 8 août 1852, et les protestations des députés, v. Gerlach et Windthorst.

de bailliage de Aschendorf, Haselünne, Hümmling et Meppen, et par le tribunal supérieur de Meppen. C'est lui qui en supporte les charges et l'entretien, et qui nomme les juges. Pour le tribunal supérieur seul, il partage ce droit avec la Prusse. — En Saxe, la souveraineté judiciaire de la maison princière et comtale Schönburg a été respectée par le temps; les princes de cette famille sont demeurés hauts justiciers dans les seigneuries de Glauchau, Waldenburg, Lichtenstein, Hartenstein et Stein. Leur justice est rendue par sept tribunaux de bailliage et par le tribunal de cercle de Glauchau; ils nomment les juges. Le ministre de la justice de Saxe n'a le droit de nomination que du procureur d'État, du président d'assises et du juge d'instruction, toutefois sur la présentation de la maison Schönburg.

Ce ne sont pas seulement les priviléges de quelques maisons princières médiatisées qui ont été maintenus; ailleurs, ce sont les villes qui ont gardé intactes les libertés que les communes du moyen âge avaient conquises ou s'étaient fait octroyer : dans la principauté de Schaumburg-Lippe, deux villes, Bückeburg et Stadthagen; — dans celle de Lippe, six villes, Blomberg et le chapitre de Cappel; — dans les duchés de Mecklenburg, les villes de Rostock, Wismar, Schwerin, Parchim, Neu-Brandenburg et Friedland ont conservé le droit de justice.

Enfin, dans certains États la terre apporte à son possesseur des priviléges et des droits. Dans les duchés de Mecklenburg, les propriétaires de biens nobles et de biens ecclésiastiques, *Klostergüter*, exercent la basse justice; c'est le dernier de ces attributs de la souveraineté que le seigneur féodal possédait au moyen âge sur ses fiefs.

Là même où ces droits seigneuriaux de justice ont disparu, emportés par les idées modernes, il est resté un autre vestige du passé dans les droits de présentation. C'est ainsi qu'en Prusse un certain nombre de juges de première instance ne peuvent être nommés que sur la présentation des princes von Wied et Solms-Braunfels, et des comtes von Stolberg-Wernigerode. En Saxe, la maison princière Schönburg présente à la nomination royale un membre du tribunal d'appel de Zwickau et le procureur d'État du tribunal de cercle de Glauchau. Ailleurs, ce sont les ordres de la noblesse ou de la bourgeoisie qui ont conservé ces vieux priviléges, dans le Mecklenburg-Strelitz pour certaines places du tribunal supérieur de Rostock, et dans le Mecklenburg-Schwerin pour les nominations au collége criminel et à la chancellerie de la justice; enfin, la Chambre des députés du Braunschweig a le droit de présentation à deux places de conseiller de l'Obergericht.

A côté de la justice des seigneurs et des villes, l'Église avait su faire respecter les droits que le passé lui avait transmis, et elle avait conservé ses tribunaux ecclésiastiques. Dans les royaumes de Bavière, Saxe et Württemberg, dans les duchés de Hessen, Oldenburg et Saxe-Weimar, se sont maintenus des tribunaux qui, sous différents noms : *consistoires, ordinariat, offizialat, metro-politicum, tribunaux de vicariat apostolique*, sont compétents en première et deuxième instance dans toutes les affaires concernant le mariage et les fiançailles ; ce sont eux qui en reconnaissent la validité ou en prononcent la nullité ; c'est devant leur juridiction que sont portées les demandes en séparation de corps. Leurs décisions ne sont pas exclusivement du domaine spirituel, mais elles produisent tous les effets civils que leur objet comporte. La base de la famille, avec toutes les innombrables conséquences qui en dérivent, échappe ainsi à la justice nationale.

Les consistoires protestants ont dans les mêmes affaires la même compétence.

C'est ainsi qu'aujourd'hui encore on retrouve en Allemagne les traces de ces nombreuses immunités qui avaient envahi la société féodale, confisqué la justice et substitué partout leur autorité aux droits de l'État. Tous ces vieux priviléges, vestiges du passé, sont incompatibles avec les idées modernes ; aucune souveraineté ne peut se dresser en face de l'État, c'est à lui seul qu'appartient le droit de justice. Aussi, toutes ces justices particulières, toutes ces juridictions et tous ces droits d'exception, le projet de loi les supprime. C'est une réforme et un progrès ; la seule critique qui puisse lui être adressée, c'est de porter une atteinte trop brutale à des droits qui, pour être surannés, n'en sont pas moins certains et respectables ; le principe de l'indemnité n'est inscrit nulle part dans la loi, et il semble que dans le domaine législatif comme ailleurs la force doive primer le droit.

Le titre I se termine, dans les articles 5, 6, 7, 8, 9, par quelques règles générales. Personne ne peut être enlevé à ses juges naturels ; les tribunaux d'exception sont inconstitutionnels.

La compétence des tribunaux allemands s'étend sur toutes les personnes qui résident sur le territoire de l'Empire, quelle que soit leur nationalité.

Les priviléges de l'exterritorialité sont assurés aux membres du corps diplomatique. Les consuls sont soumis à la justice du pays auprès duquel ils sont accrédités.

La justice particulière, à laquelle avaient droit les seigneurs médiatisés, *Standesherrn*, princes et comtes de l'Empire, et qui s'était maintenue en Saxe, en Prusse et en Saxe-Weimar, est supprimée. Il en est de même des priviléges des personnes dites *Schriftsässig*, qui en Mecklenburg-Lippe et Schaumburg-Lippe ressortissaient à un tribunal supérieur.

Après avoir posé dans le titre I les principes de l'organisation judiciaire, le projet de loi aborde dans les titres suivants le mécanisme des tribunaux qu'il institue.

TITRE II. *Des Amtsgerichte ou tribunaux de bailliage*, art. 10-13. — Les *Amtsgerichte* forment le premier degré de la juridiction civile.

Ils se composent d'un seul juge; c'est là le caractère particulier de leur justice.

Plusieurs juges peuvent être attachés au même tribunal, mais ils ont tous une situation indépendante et jugent séparément. Dans ce cas, l'un d'eux a une autorité disciplinaire sur les autres. C'est aux législations locales qu'il appartiendra de fixer le ressort de compétence et les fonctions de chacun des membres de l'Amtsgericht.

La justice criminelle est rendue par des tribunaux d'échevins, *Schöffengerichte*, établis près des tribunaux de bailliage.

Les tribunaux de bailliage sont compétents : 1. Pour toutes les demandes qui n'excèdent pas 300 marcs, — c'est là le taux moyen usuel, entre Lübeck qui fixait cette valeur à 50 marcs et Hamburg qui l'élevait jusqu'à 300 thalers; en Prusse et en Saxe, le taux était de 50 thalers; — et sans limitation de valeur, dans les cas suivants; — 2. Difficultés entre bailleurs et locataires, c'est le droit bavarois; — 3. Difficultés entre maîtres et domestiques, patrons et ouvriers; — 4. Difficultés entre voyageurs et hôteliers, voituriers, mariniers, maîtres de radeaux ou tous autres manouvriers, s'élevant sur les prix de logement et de transport, la perte et la dégradation des bagages ou tout autre motif spécial au voyage; cette disposition a été empruntée au Code bavarois, art. 6, § 3; — 5. Plaintes pour vices rédhibitoires de têtes de bétail; — 6. Demandes en dommages-intérêts pour dégâts commis par le gibier; — 7. Demandes fondées sur des relations illégitimes, *Ansprüche aus einem auszerehelichen Beischlaf;* — 8. Actions provocatoires, *Aufgebotsverfahren;* ce sont des actions ayant pour but de faire déclarer l'existence ou l'inexistence d'un rapport de droit, la valeur ou la fausseté d'un titre, etc., alors qu'aucun adversaire ne se présente contre qui le procès puisse être dirigé.

Pour toutes ces affaires soumises à la compétence du tribunal de bailliage, une justice expéditive est nécessaire, et elle sera d'autant plus sûre que le juge sera plus rapproché des parties et aura une connaissance plus exacte des localités : telle est la pensée qui a inspiré le législateur.

Dans la plupart des États, la compétence des tribunaux de bailliage était plus étendue : c'est ainsi qu'elle comprenait les difficultés en matière de possession, de limites de propriété, de pension alimentaire, les demandes en payement de frais d'étude, etc.; elle s'étendait même dans la principauté de Reusz (ältere Linie) sur toutes les affaires commerciales.

Certaines missions judiciaires sont confiées aux juges des Amtsgerichte par les lois sur la procédure civile, l'instruction criminelle et la faillite, notamment en cas de procédure par voie de sommation, *Mahnverfahren,* de séparation de corps, de faillite, d'instruction civile et criminelle, d'audition de témoins, etc. Enfin, nous verrons la part qu'ils prennent à la formation des tribunaux d'échevins.

TITRE III. *Des tribunaux d'échevins (Schoeffengerichte),* art. 14-45. — Le titre III est un des titres les plus importants du projet de loi; il généralise en Allemagne une institution spéciale à certains États, et introduit dans la justice correctionnelle un principe nouveau sous une forme nouvelle, l'élément *laïc* qu'il élève au niveau de l'élément judiciaire. C'est à un juge et à des échevins, ayant tous les mêmes droits, la même situation, la même indépendance et la même souveraineté, qu'il confie l'administration de la justice.

Cette juridiction populaire devait plaire à l'Allemagne : son esprit scientifique, son goût pour les souvenirs du passé, son attachement à toutes les légendes et à toutes les vieilles formes, sa prétention moderne de rattacher ses institutions aux antiques constitutions du moyen âge, et de reconstituer ainsi dans la suite des temps une unité inconnue de l'histoire, tout cela a entraîné la réforme. Aux temps de la vie germanique ou féodale, la justice n'était-elle pas rendue par les hommes libres, rangés debout autour du juge? Puis, lorsqu'ils cessèrent d'aller aux assemblées judiciaires, abandonnant avec insouciance le droit de juger leurs pairs, ne devint-elle pas le privilège d'hommes libres choisis par le peuple, les Scabini, Skepen ou Schoeffen? N'est-ce pas là le passé? Et alors, ces échevins du moyen âge, on les transporte dans le droit actuel, sans se demander si la société n'a pas marché, si des éléments nouveaux ne sont pas venus modifier sa physionomie et son essence, si, avec les complications et les exigences de notre vie, avec les dangers autrefois inconnus qui la menacent, elle n'exige pas de la justice des instruments plus parfaits.

A ce culte des traditions est venu s'adjoindre un sentiment tout moderne de mépris de la culture scientifique, de méfiance contre l'élément judiciaire, contre ce que nous appellerions en France la police correctionnelle ; on lui suppose des erreurs ou des rigueurs, on lui prête des partis-pris, on célèbre ce que les Allemands nomment le *gesunden Menschenverstand*, c'est-à-dire la raison naturelle, on l'oppose à la raison développée et fortifiée par l'étude et la science, et l'on remplace le juge par l'échevin. Si le passé a révélé ses inconvénients, peut-être l'avenir réserve-t-il de redoutables dangers ?

Cependant, il est bon d'ajouter que l'expérience, quoique encore bien incomplète, semble avoir justifié ces tentatives de réforme. L'institution moderne des échevins n'est pas en effet nouvelle en Allemagne ; dès l'année 1850, le Hanovre l'introduisait dans son organisation judiciaire, et faisait assister le juge dans les affaires de police par deux *laïcs* qui avaient avec lui un égal droit de vote. Cet exemple fut suivi par Oldenburg en 1857, Bremen et la Hesse électorale en 1863, Baden en 1864, la Saxe et le Württemberg en 1868, Hamburg en 1869 (1).

Le projet de loi étend la réforme à toute l'Allemagne. Depuis longtemps déjà, la question était agitée et elle avait soulevé un mouvement considérable. Le monde des juristes s'était partagé en deux camps bien tranchés, et la lutte était vive. Ce n'était pas seulement l'introduction de l'élément *laïc* dans les instances inférieures qui était en jeu ; le débat portait plus haut, les principes mêmes de la juridiction criminelle étaient menacés, c'était la lutte du juré contre l'échevin qui éclatait. Le citoyen, admis à participer à l'administration de la justice, devait-il prononcer sur les questions de fait et de droit, ou la connaissance du fait devait-elle seule lui être réservée ? Et les partisans des échevins, sans hésiter, d'un trait de plume, suppriment le jury, cette institution étrangère qui repose, selon eux, sur un « phantome » et une hérésie juridique (2), et, logiques dans l'application de leurs idées, ils introduisent les échevins à tous les degrés de la justice criminelle comme juges du droit et du fait.

Déjà le congrès des jurisconsultes s'était prononcé en 1871 ; la

(1) En Saxe, les tribunaux d'échevins ne sont compétents que pour les délits correctionnels ; en Württemberg, au contraire, leur juridiction s'étend sur les délits et les contraventions. A Hamburg, les échevins sont membres permanents des tribunaux.

(2) Cf. *Étude intéressante de M. Bufnoir sur les échevins, Bulletin,* année 1873, p. 262.

Prusse elle-même s'était lancée dans le mouvement, et le ministre de la justice n'avait pas craint de descendre dans la lice ouverte et de combattre en leur faveur.

Aujourd'hui la réforme est soumise à l'agrément du Reichstag. Mais le projet ne se présente plus que comme une transaction : le jury est maintenu, et il n'est pas question des échevins dans la juridiction moyenne. Malgré tout, il a soulevé lors de la première délibération de vives critiques, de même qu'il a rencontré d'ardents défenseurs, dont le plus convaincu peut-être est le D<sup>r</sup> Schwarze, procureur général de Dresde. L'issue de la lutte n'est pas douteuse, et il est facile d'en prévoir le résultat : l'institution des échevins sera introduite dans la vie judiciaire de l'Allemagne aux acclamations de tout le parti national libéral. C'est ce parti, en effet, qui, aux ordres de la Prusse, s'est fait le champion de la réforme contre les principes indépendants et particularistes des fractions modérées ; les docteurs Gneist, Römer, Lasker l'ont soutenue, tandis que les éloquents orateurs du centre, MM. Reichensperger frères et Windthorst, la combattaient. La politique joue ainsi un rôle singulier dans les délibérations du Reichstag; elle pénètre dans les discussions les plus théoriques et envahit les projets de loi qui devraient être soustraits à son aveugle influence.

L'organisation criminelle projetée ne correspond pas exactement à la division des infractions en contraventions, délits et crimes, et elle n'affecte pas à chacune de ces catégories un tribunal spécial. Il est indispensable en effet qu'un certain rapport s'établisse entre la gravité du fait et l'importance des forces, des moyens et des frais mis en action pour le réprimer. Ce rapport ne serait pas maintenu si tous les délits étaient renvoyés, quelle que fût leur légèreté, aux tribunaux correctionnels. Leur ressort embrasse en moyenne en Prusse cinquante mille habitants, et l'éloignement du chef-lieu judiciaire est de cinq à six milles. Le projet de loi aura pour effet d'étendre les ressorts, et d'éloigner encore le justiciable du tribunal supérieur. La justice deviendrait donc trop lourde dans les cas de peu de gravité, et les charges qu'elle imposerait seraient en contradiction avec l'importance de l'affaire. Il importait, en outre, de décharger les tribunaux supérieurs encombrés.

Le projet de loi a dû, en conséquence, étendre la compétence des tribunaux d'échevins, et l'article 14 décide qu'ils seront compétents : 1° pour toutes les contraventions; — 2° pour tous les délits punis au maximum de trois mois de prison ou 600 marcs d'amende; — 3° pour toutes les injures, sauf celles commises par la presse, et pour les voies de fait poursuivies à la requête d'une partie civile (art. 15).

Ce n'était pas assez ; le but de la loi pouvait être éludé. Les articles 14 et 15 ne permettent pas de déterminer la compétence d'après la réelle importance des infractions et en tenant compte des faits; ils posent une règle inflexible que rien ne peut faire fléchir, et entraînent devant les tribunaux supérieurs des délits auxquels les circonstances enlèvent toute gravité et qu'une légère peine seule devra réprimer.

Les articles 16 et 55 remédient à cette lacune : la compétence devient une question de fait. La loi permet de renvoyer devant les tribunaux d'échevins les délits suivants : rébellion (C. pén., art. 113, 114, n° 1) ; — complicité d'évasion d'un détenu (art. 120); — violation de domicile à main armée (art. 123, n° 3) ; — soustraction d'objets saisis (art. 137); — outrage public à la pudeur (art. 183); — insultes et voies de fait dans le cas de poursuite intentée par le ministère public, — vol (art. 242); — détournement (art. 246); — corruption ; — recel (art. 258, § 1, et 259); — tromperie (art. 263); — abus de confiance (art. 288, 291, 298); — dégradation de la propriété d'autrui, d'objets d'utilité publique ou consacrés au culte (art. 303, 304); — infractions aux mesures de surveillance ou de prohibition en cas de maladie contagieuse et d'épizootie (art. 327, § 1 ; 328, § 1); — infractions aux lois fiscales; — enfin, tous les délits punis au maximum de six mois de prison ou de 1,500 marcs d'amende.

Ce renvoi est ordonné par la chambre du conseil du tribunal correctionnel, si elle estime, sur les réquisitions du ministère public, que d'après les circonstances de fait le délit poursuivi ne sera pas puni d'une peine supérieure à celles qui fixent la compétence des tribunaux d'échevins.

De son côté, le tribunal des échevins n'est pas lié par la décision du tribunal supérieur, et il peut renvoyer l'affaire si une peine plus forte lui paraît juste, à moins cependant que cette peine ne soit motivée par un délit connexe (art. 56). Aucune opposition aux décisions prises n'est recevable.

Le maximum de trois mois de prison et de 600 marcs d'amende, en droit ou en fait, telle est donc la limite de la compétence des tribunaux d'échevins.

Les tribunaux d'échevins se composent d'un juge, — le juge du tribunal de bailliage, l'*Amtsrichter*, — comme président, et de deux échevins (art. 17).

Les échevins sont des juges; ils ont les mêmes droits que le bailli ; ils siégent, délibèrent avec lui, votent comme lui en droit et en fait sur les mêmes points, et rendent avec lui le jugement. Ils prennent part à toutes les décisions rendues sur le fond même du procès et aussi sur les incidents qui peuvent s'élever, huis clos, remises, peines prononcées en vertu de l'article 143 contre ceux qui troublent l'audience, etc. Juge et échevins ont la même situation juridique et sont sur un pied complet d'égalité. Mais l'élément *laïc* l'emporte par le nombre sur l'élément judiciaire; il lui impose donc sa volonté.

Les exceptions que les législations locales avaient introduites au principe de l'égalité du vote sont supprimées.

Les articles 19-49 organisent cette nouvelle justice.

La fonction d'échevin est un honneur et une charge. Tout Allemand y a droit; aucune condition de fortune ou d'instruction n'est exigée. La nationalité fédérale seule est requise, et tout sujet de l'Empire est astreint au service judiciaire obligatoire.

Être Allemand, avoir trente ans, résider depuis deux ans dans la commune, n'avoir pas reçu depuis trois ans au moins des secours de bienfaisance, enfin ne pas être domestique, telles sont les conditions que doit réunir tout échevin.

C'est un honneur : en est exclu celui qui est déchu de ce droit en vertu d'une condamnation criminelle, — accusé d'un crime ou d'un délit entraînant la perte des droits civiques ou l'exclusion des emplois publics, — incapable par suite de maladies mentales, — enfin, celui à qui une décision judiciaire a enlevé la libre disposition de sa fortune.

C'est une charge : les ministres, les fonctionnaires et employés judiciaires, les ministres de la religion, les instituteurs primaires, les membres de l'armée active n'y sont pas soumis. De plus, peuvent s'y soustraire : les membres d'une Assemblée législative allemande, les personnes qui, dans le cours de l'année précédente, ont été jurés ou ont siégé cinq fois comme échevins, les médecins, les pharmaciens qui ne sont pas assistés d'un aide, tous ceux qui sont âgés de plus de soixante-cinq ans au jour de la confection de la liste ou qui atteindront cet âge dans l'année, enfin ceux qui justifient ne pouvoir supporter les frais qu'entraîne la fonction d'échevin.

Les échevins sont choisis sur des listes dressées et fonctionnant par le mécanisme suivant :

Chaque année, dans chaque commune, le maire dresse une liste des habitants qui remplissent les conditions voulues par la loi pour être échevins ou jurés. C'est la liste générale, *Urliste*. Elle est portée pendant huit jours à la connaissance du public. Pendant une semaine, tout recours est admis contre la confection de la liste; le droit de recours n'est pas réservé aux intéressés seulement, mais est général.

Le maire envoie la liste, avec les protestations et renseignements à l'appui, au juge du tribunal de bailliage qui centralise toutes les listes d'un district, *Bezirk*. Au chef-lieu du bailliage se réunit chaque année une commission composée du bailli, président, d'un fonctionnaire administratif et de cinq assesseurs dits hommes de confiance, *Vertrauens maenner*, et choisis par le bailli parmi les notables du district. Ce comité juge à la majorité des voix et sans recours les protestations élevées contre les listes municipales. Sur la liste générale la commission choisit et porte sur une nouvelle liste, *Jahresliste*, les échevins, *Hauptschoeffen*, qui devront rendre la justice pendant l'année suivante. Le nombre nécessaire est déterminé par la législation locale. Une liste d'échevins supplémentaires, choisis de préférence parmi les habitants du chef-lieu, est également ment dressée.

Les jours d'audience des tribunaux de bailliage sont fixés pour toute l'année, et l'ordre dans lequel les échevins désignés devront siéger est déterminé par un tirage au sort, auquel procède le bailli en séance publique. Le greffier dresse procès-verbal de l'opération, chaque échevin est averti immédiatement du jour où il siégera.

Ainsi, un an d'avance, avant que le rôle des affaires ne soit dressé, avant que le délit même ne soit commis, les échevins sont désignés pour chaque audience du tribunal, et ils peuvent à loisir ménager au jour fixé leur liberté sans préjudice de leurs affaires. L'impartialité et l'indépendance du tribunal sont par là assurées d'une façon qui paraît suffisante, l'arbitraire et la faveur ne sont plus à redouter, les intérêts particuliers sont en même temps sauvegardés.

L'article 35 autorise le juge à modifier l'ordre de service sur la demande de l'intéressé, si le rôle de l'audience n'est pas encore fixé.

En cas de sessions extraordinaires, les échevins sont également désignés par le sort sur la liste annuelle, suivant les règles de l'article 33. Cependant, si l'urgence ne permettait pas de recourir à cette procédure un peu lente et compliquée, le bailli a le droit de désigner lui-même les échevins ou suppléants appelés à siéger. Cette exception se présente en cas d'arrestation en flagrant délit par exemple, si les retards occasionnés par l'observation des règles doivent entraîner une détention préventive hors de proportion avec le délit, ou bien si l'éloignement de l'échevin suppléant doit

occasionner un retard considérable ou la remise de l'audience.
Les échevins suppléants sont pris sur la liste annuelle dans l'ordre
où ils sont portés.

Les échevins prêtent serment à leur entrée en fonction. Le bailli,
entre les mains de qui ils le prêtent, leur adresse les paroles sui-
vantes : « Vous jurez devant le Dieu tout-puissant, qui sait tout,
« de remplir fidèlement les devoirs d'un échevin et de juger suivant
« votre conviction et votre conscience. » L'échevin répond : « Je
« le jure, aussi vrai que j'attends de Dieu son assistance. » La
formule est modifiée pour les membres des confessions reli-
gieuses à qui la loi reconnaît une forme spéciale de serment. Le
serment est valable pour l'année. Procès-verbal est dressé de sa
prestation.

Lorsque l'indignité d'un échevin porté par erreur sur la liste
électorale est découverte, son nom doit être rayé; si elle survient
dans le cours de l'année, il ne doit pas être convoqué. Les excuses
doivent être présentées dans la semaine qui suit la notification de
l'inscription sur la liste. Le bailli juge seul, sans recours, les causes
d'excuse ou de radiation, sur les réquisitions du procureur d'État
et après les explications de l'intéressé. Il peut, sur sa demande,
dispenser un échevin de siéger.

Les échevins et membres *laïcs* de la commission n'ont ni traitement ni indemnité. Des frais de voyage seuls sont alloués.

Les échevins et membres de la commission qui font défaut sans
excuse valable sont condamnés par le bailli, sur les réquisitions du
ministère public, à une amende de 25 à 1,000 marcs et au rem-
boursement des frais judiciaires occasionnés par la remise de l'audience.

Les législations locales fixeront les époques auxquelles il doit
être procédé à la confection des listes.

Telle est l'institution des échevins.

Quels seront les résultats de l'expérience tentée ? Quels sont les
avantages de la réforme, ou bien contre quels inconvénients vien-
dra-t-elle échouer ? Il serait imprudent de le prévoir aujourd'hui.
Correspond-elle réellement aux besoins de la vie moderne et aux
principes de la science? ou bien, au contraire, comme le prétendent
de bons esprits, n'entraîne-t-elle pas le discrédit de la justice, et n'af-
faiblit-elle pas les garanties auxquelles la société a droit? L'impartialité du juge ne sera-t-elle pas suspectée et son indépendance atteinte?
Sera-t-il élevé assez haut au-dessus des personnes et des passions qu'il
est appelé à juger ? Les forces mises en jeu, le mécanisme compliqué
mis en mouvement, tout n'est-t-il pas en disproportion avec le but

poursuivi, et est-il besoin de troubler tant d'intérêts pour juger des contraventions de police? Et si la compétence des tribunaux d'échevins s'étend sur les délits, leur fonctionnement n'est-il pas rendu plus difficile? Leur culture intellectuelle répondra-t-elle à leur mission? Les questions de droit ne surgiront-elles pas ardues, épineuses, insurmontables pour les nouveaux juges? La réforme n'est-elle pas destinée à se briser fatalement contre l'un des deux écueils qui menacent sa route : des échevins, personnages muets, obéissant docilement à un juge qui dicte des lois, — ou bien un juge, enchaîné impuissant aux inconséquences, aux partialités, aux ignorances et aux passions d'assesseurs omnipotents? Toutes ces questions sont actuellement posées ; l'avenir répondra. Ce que je veux seulement remarquer, c'est que la nouvelle justice imposera au peuple allemand un lourd fardeau ; son service exigera, suivant le chiffre donné par le Dr Reichensperger et confirmé par le ministre badois conseiller privé v. Freydorf, la participation annuelle de 96,000 échevins.

Quoi qu'il en soit, l'expérience est tentée. Nous devons la suivre d'un œil curieux et intéressé, prêts à applaudir au succès et à profiter de la leçon.

Les tribunaux de bailliage et les tribunaux d'échevins forment la première classe des tribunaux allemands. A la base de l'administration judiciaire, au premier degré de la hiérarchie, nous trouvons donc dans le projet de loi un juge unique, indépendant, constituant à lui seul ou par l'adjonction des échevins un tribunal souverain. Sa juridiction est exclusivement contentieuse.

Titre IV. *Des tribunaux de district (Landgerichte)*, art. 46-58. — Au-dessus des tribunaux de bailliage, le projet de loi crée des tribunaux de district ou d'arrondissement, appelés *Landgerichte*. Ce sont les tribunaux connus en Prusse sous le nom de tribunaux de cercle.

Ils ont une juridiction civile et criminelle.

Ils se composent d'un président et du nombre nécessaire de directeurs ou vice-présidents et de juges ; ils se divisent en chambres.

Des juges d'instruction sont attachés à ces tribunaux, mais le projet du Code d'instruction criminelle, dans son article 17, leur refuse le droit de siéger dans les affaires dont ils ont dirigé l'instruction. C'est là un progrès que l'organisation projetée rend possible, et qui assure la libre défense des prévenus.

Au civil, leur compétence s'étend en première instance sur

toutes les affaires qui ne ressortent pas aux tribunaux de bailliage ou de commerce. Voilà la règle. Elle comprend en outre, quelle que soit l'importance du litige, et par conséquent au-dessous de 300 marcs, les demandes en indemnité formées contre l'Empire pour suppression des droits de flottage, et les recours pécuniaires des fonctionnaires de l'Empire contre le fisc impérial. Les législations de chaque État auront le droit de réserver à la connaissance du Landgericht les mêmes affaires, en tant qu'elles seront dirigées, non plus contre l'Empire, mais contre l'État, aussi bien que celles qui mettent l'État en cause à raison des actes des fonctionnaires, de la suppression des priviléges ou de la fixation des impôts.

Au civil, les tribunaux de district sont aussi juges en deuxième instance. Ils jugent les appels et oppositions, *Beschwerde*, formés contre les décisions des tribunaux de bailliage.

Les chambres civiles se composent de trois juges.

Au criminel, une double mission est réservée à la chambre correctionnelle, *Strafkammer*, des tribunaux de district, et elle fonctionne à un double titre, comme chambre du conseil et comme tribunal criminel. Au premier titre, ses attributions sont déterminées par le Code d'instruction criminelle ; il lui appartient de prendre toutes les décisions qui sont du ressort du tribunal proprement dit, notamment celles qui concernent l'instruction, le renvoi du prévenu, la mise en accusation, les récusations de juge, etc., de juger les oppositions contre les ordonnances du juge d'instruction, etc. (*Strafproz. ordn*, art. 109, 111, 137-148, 150, 162, 163, 166, 167, 171, 172) ; elle joue le rôle de notre ancienne chambre du conseil et de notre chambre des mises en accusation.

Trois juges composent la chambre du conseil.

Comme tribunal, elle est compétente : 1° pour tous les délits qui échappent à la compétence des échevins ; 2° pour les crimes qui sont punis au maximum de cinq ans de travaux forcés, *Zuchthaus*, à l'exception cependant de quelques crimes politiques : actes préparatoires à un crime de haute trahison (C. pén., art. 86), voies de fait contre un prince du sang (art. 96, 100), et obstacles apportés, par violence ou menace, à l'exercice du mandat de député (art. 106).

S'écartant de toute règle juridique et de tout principe théorique, le projet de loi fixe par le fait beaucoup plus que par le droit la compétence des tribunaux criminels. Nous avons déjà vu que la chambre du conseil peut renvoyer devant les tribunaux d'échevins, en raison du fait, des délits qui, par leur classification, appartiennent à la juridiction supérieure des tribunaux correctionnels. — La même pensée a inspiré les articles 54 et 60. Ils décident que la chambre du conseil, en tant que chambre des mises en accusation, peut enlever à la compétence du jury et renvoyer devant les tribunaux correctionnels les crimes de : résistance à l'autorité, lorsque la résistance aura été opposée par plusieurs personnes ou aura occasionné une lésion corporelle (C. pén., art. 118, 119), — mutinerie avec violences par des détenus contre leurs surveillants (art. 122), — attentat aux mœurs sur un enfant mineur de quatorze ans (art. 176, § 3), — vol qualifié (art. 243), — récidive de vol (art. 244), — habitude ou récidive de recel (art. 260, 261), — récidive de tromperie (art. 264), — faux en écriture, s'il s'agit d'un document authentique (art. 268), — et fausse déclaration dans un but illicite de gain (art. 272). Ce renvoi est ordonné sur les réquisitions du ministère public, si les circonstances du fait permettent de supposer que la peine prononcée ne dépassera pas cinq années de travaux forcés. De son côté, le tribunal correctionnel a le droit, au cours des débats, de renvoyer l'affaire s'il estime que la peine doit être supérieure. Aucune opposition n'est admise.

Ces dispositions peuvent se justifier en fait, et l'on comprend les considérations qui les ont inspirées ; mais il est singulier de voir les Allemands, qui nous reprochent avec un suprême dédain la légèreté de nos enseignements et le peu de profondeur de nos institutions, oublier de poser un principe à la base de leur organisation criminelle, et abandonner aux circonstances, c'est-à-dire à l'incertitude et aux variations de la jurisprudence, le soin de la fixer.

Les tribunaux correctionnels sont composés de cinq juges. C'est là une disposition nouvelle, qu'a rendue nécessaire la suppression de l'appel proposée par le Code d'instruction criminelle. Ce n'est plus dans le recours d'un juge à un juge mieux informé, mais dans le nombre des juges, que le projet place les garanties de la justice.

L'article 58 permet aux législations locales de détacher près des tribunaux de bailliage une chambre correctionnelle, composée de juges de bailliage ou de membres du tribunal de district, dans les cas où l'intérêt de la justice l'exigerait à raison de l'éloignement du chef-lieu judiciaire.

Les *laïcs* ne sont pas admis à participer à l'administration de la justice correctionnelle, et la réforme tentée pour les tribunaux du premier degré s'arrête devant les tribunaux de district. Cette restriction a été très-vivement attaquée par les partisans de la justice des échevins. N'est-elle pas illogique? disent-ils. Est-il possible d'admettre l'élément *laïc* au plus bas et au plus élevé des échelons de la hiérarchie criminelle et de l'exclure de la juridiction intermédiaire? Les mêmes besoins ne se manifestent-ils pas? les mêmes garanties ne sont-elles pas exigées? Ne sont-elles pas indispensables dans les causes précisément où les intérêts engagés sont plus considérables et les jugements plus redoutables? L'institution des échevins a produit de bons résultats en Saxe, en Württemberg, le temps l'a consacrée! N'offre-t-elle pas le moyen si cherché de diminuer le nombre des juges et d'affirmer encore l'autorité de la justice? Que tous les accusés participent donc à ses bienfaits, si elle est bonne; qu'ils échappent au contraire à ses dangers, si elle est mauvaise; mais que la même loi régisse tous les tribunaux!

A ces arguments si pressants, reproduits par presque tous les orateurs, Dʳ Schwarze, Dʳ Gneist, Dʳ Meyer, député Thilo, il a été répondu peu de chose; le ministre de la justice Dʳ Leonhardt s'est contenté de dire qu'il serait difficile de réunir le nombre d'échevins qu'exigerait le service de la justice correctionnelle, que ce scrait imposer au peuple allemand un fardeau trop pesant pour ses forces, que les temps étaient trop troublés pour essayer une pareille réforme, qu'au surplus la justice des échevins n'avait pas fait ses preuves, et qu'il serait imprudent de lui confier des intérêts plus considérables; et il termine un de ses discours en déclarant qu'il y aurait plus de dangers à l'introduire près des tribunaux correctionnels que d'inconvénients à la supprimer près des tribunaux de bailliage.

N'est-ce pas la critique la plus vive qui puisse être faite de l'institution?

TITRE V. *Des tribunaux de jurés (Schwurgerichte)*, art. 59-80. — La justice du jury est vivement attaquée en Allemagne; le mouvement qui a éclaté en faveur des échevins menace leur juridiction. Le projet de loi, cependant, s'inspirant des leçons du passé et des vœux émis par le congrès des jurisconsultes en 1872, s'est arrêté devant une réforme radicale et a maintenu cette vieille institution.

Les tribunaux de jurés sont compétents pour tous les crimes qui échappent à la compétence des Landgerichte, c'est-à-dire qui sont punis d'une peine supérieure à cinq ans de travaux forcés. Aucune exception n'est admise ni pour les délits politiques, ni pour les délits de presse.

Ils se composent d'un président, de deux assesseurs et de douze

jurés. Ce sont là les formes françaises, c'est en même temps une
modification apportée aux législations en vigueur qui élevaient à
quatre le nombre des assesseurs. Quelques orateurs ont demandé
dans la discussion de la première délibération que le nombre des
jurés fût abaissé; le projet a maintenu le chiffre admis par toutes
les lois d'organisation judiciaire.

Les jurés jugent la question de fait seulement.

Le président est désigné pour chaque session par le président
du tribunal supérieur, *Oberlandesgericht ;* il est choisi parmi les
membres de ce tribunal ou parmi les juges des tribunaux de district. C'est parmi ces derniers que se recrutent les assesseurs.

Les assises sont tenues au siége du tribunal de district; par
exception et dans des cas extraordinaires, la Cour peut se réunir
dans un autre lieu : l'exposé des motifs cite les cas d'épidémie,
de jugement d'un crime commis dans l'intérieur d'une prison si
les témoins sont des détenus dont le transfèrement serait difficile
ou dangereux, tous les cas encore où la tenue des assises au lieu
ordinaire entraînerait des frais considérables et disproportionnés à
l'affaire, la comparution d'un grand nombre de témoins éloignés,
par exemple. Le ressort des Cours d'assises est le ressort même du
tribunal de district auprès duquel elles sont tenues. Plusieurs districts cependant pourront être réunis par les législations locales en
un seul ressort d'assises.

Les articles 65-77 traitent de la constitution du jury : mêmes
conditions de capacité, mêmes incompatibilités, mêmes excuses que
pour les échevins. Aucun cens, aucune culture intellectuelle ne sont
exigés. Le projet de loi modifie largement sur ce point les législations allemandes qui imposaient toutes des conditions restrictives,
comme le payement d'un impôt (impôt des classes, impôt foncier,
patente), ou exigeaient au moins que le juré sût lire et écrire.

La législation locale fixera le nombre de jurés nécessaire à chaque
Cour d'assises; c'est elle qui répartit ce nombre entre les bailliages
du ressort. Chaque année, le comité chargé de dresser des listes
d'échevins choisit pour l'année suivante sur la liste générale four-
nie par chaque maire, *Urliste*, des noms en nombre triple du chiffre
fixé pour le bailliage et les porte sur une liste, dite liste de présentation, *Vorschlagsliste*, qu'il envoie avec les protestations soulevées
au président du tribunal de district. Ce tribunal, en séance de
cinq membres (le président et les directeurs, membres de droit,
compris), juge les protestations et dresse la liste définitive. Les
jurés suppléants, choisis parmi les habitants du chef-lieu judiciaire, sont portés sur une liste spéciale. Quinze jours au plus tard

avant l'ouverture des assises, le président, assisté de deux juges, en présence du procureur d'État, tire au sort en audience publique les noms de quarante-huit jurés; ils forment la liste de service, *Dienstliste*, qui est envoyée au président des assises. Ce dernier choisit trente noms et dresse la liste de session, *Spruchliste*. Notification du choix est faite huit jours à l'avance aux jurés portés sur cette liste; ils devront se présenter à la première audience.

Les excuses invoquées par les jurés sont jugées, sans opposition possible, le ministère public entendu, par les membres de la Cour d'assises, et avant sa réunion par le président seul. Si elles sont admises, la liste est complétée avec des jurés choisis sur la liste de service. Les jurés qui font défaut peuvent être condamnés par la Cour d'assises, sur les conclusions du procureur d'État, à une amende de 25 à 1,000 marcs.

Personne ne peut, dans le cours de la même année, être appelé à remplir simultanément les fonctions d'échevin et de juré.

Des frais de voyage sont alloués.

Les tribunaux de jurés forment la dernière classe des tribunaux criminels.

Ainsi, des tribunaux d'échevins compétents pour les contraventions et les délits punis au maximum de trois mois de prison ou 600 marcs d'amende, des tribunaux de district compétents pour les délits et les crimes frappés d'une peine variant de trois mois de prison à cinq ans de travaux forcés, enfin des tribunaux de jurés, — une compétence variable, sans règles précises, déterminée par le fait plutôt que par le droit, — la justice administrée suivant la juridiction par des échevins, juges du fait et du droit, par des magistrats de profession, ou par des jurés juges exclusivement du fait, trois principes opposés présidant aux institutions, — tels sont les points essentiels de l'organisation projetée. On est frappé•de ce qu'elle renferme d'incertain, d'illogique, de contradictoire. « Cette organisation, disait au Reichstag le Dr Leonhardt, « n'est, à la vérité, ni très-belle ni très-harmonieuse. »

Il est difficile de ne pas partager l'avis du ministre prussien.

TITRE VI. *Des tribunaux de commerce (Handelsgerichte)*, art. 81-92. — Les tribunaux de commerce sont restés longtemps inconnus à l'Allemagne. La conquête française les avait introduits au commencement du siècle; mais étrangers aux mœurs judiciaires du pays, ils tombèrent en désuétude et disparurent avec nos armes. L'institution n'avait pas de racines dans le passé, elle ne put subsister.

Les provinces rhénanes seules les conservèrent avec le Code Napoléon.

Cependant, les nécessités du commerce, l'extension des relations et les progrès de l'industrie démontrèrent bientôt l'insuffisance des tribunaux ordinaires, l'utilité d'une procédure plus rapide et d'une juridiction plus spéciale. Hamburg, Lübeck, Leipzig, Danzig, les grandes places de commerce du moyen âge, avaient déjà leurs tribunaux. La juridiction commerciale fut introduite à Bremen en 1845, dans le Braunschweig en 1850, puis successivement en Saxe, Coburg, Reuss, Bavière, Württemberg et Baden. Partout l'organisation variait; la Bavière seule possédait un réseau complet de tribunaux de commerce ; en Württemberg, en Saxe, à Coburg, la justice consulaire n'était pas indépendante, elle était rendue par les tribunaux ordinaires, auxquels venaient s'adjoindre des assesseurs commerçants.

La Prusse avait résisté au mouvement ; actuellement encore, elle ne compte dans ses vastes États que les tribunaux de Danzig et Königsberg. La Hesse, les duchés de Saxe, les principautés de Schwarzburg, Anhalt, Waldeck et Oldenburg ont suivi son exemple et exclu la juridiction commerciale.

Le projet de loi généralise l'institution et l'étend à toute l'Allemagne, sans l'imposer cependant.

Art. 81, 82, 92. — Des tribunaux de commerce peuvent être créés par les législations locales, avec des ressorts déterminés, là où les nécessités de la vie commerciale l'exigeront. Les juges des tribunaux de district ou de bailliage connaîtront des matières attribuées aux juges de commerce, dans les ressorts où les tribunaux consulaires n'auront pas été établis.

Les tribunaux se composeront de commerçants et de magistrats, ces derniers pouvant appartenir en même temps à un tribunal de bailliage ou de district.

Chaque tribunal peut comprendre plusieurs chambres; chaque chambre se compose d'un juge, magistrat gradué, comme président, et de deux juges consulaires. Tous les membres d'un tribunal de commerce, quelle que soit leur origine, ont un égal droit de vote.

L'introduction de l'élément judiciaire dans la justice commerciale n'est pas une innovation du projet de loi : toutes les législations allemandes, aussi bien que le troisième congrès des commerçants, ont en effet admis ce principe opposé à notre loi ; elles considèrent la présence d'un magistrat, rompu aux difficultés juridiques, comme indispensable pour diriger la procédure, surveiller l'appli-

cation du droit et assurer la bonne administration de la justice.
C'est là un terme moyen qui associe heureusement la magistrature
à l'exercice de la justice commerciale.

Les difficultés qui s'élèvent entre le capitaine d'un navire et son
équipage peuvent être jugées par le juge-président seul, en raison
de leur extrême urgence.

L'article 83 fixe la compétence consulaire, qui comprend, sans
limitation de valeur, toutes les actions contre un commerçant, ses
commis ou facteurs pour faits de commerce ou de change, contre
les courtiers de commerce, les contestations entre associés pour
raison d'une société de commerce, ou entre associés et liquida-
teurs, entre vendeur et acheteur d'un fonds de commerce, entre
un commerçant et ses employés, toutes les difficultés concernant la
propriété ou l'usage d'une marque de commerce, ou pouvant s'élever en matière de droit maritime. Les législations locales pourront
renvoyer devant les tribunaux consulaires la vente aux enchères
des navires (1).

Les articles 85-91 règlent le mode de recrutement. Les législations allemandes antérieures avaient admis tous les systèmes et
toutes les combinaisons, depuis la nomination jusqu'à l'élection.
Le congrès commercial avait émis le vœu que les juges consulaires
sortissent de l'élection. Le projet maintient à l'État le droit de nomination; les juges consulaires seront nommés pour trois ans, sur
la présentation des chambres de commerce ou de tous autres représentants officiels. Ils peuvent être renommés.

Être Allemand, avoir trente ans, être ou avoir été commerçant
ou directeur d'une société par actions, résider dans le ressort du
tribunal de commerce, telles sont les conditions imposées par la
loi pour pouvoir être nommé juge. L'exercice du commerce pendant un certain laps de temps n'est pas exigé. Les commerçants
à qui un jugement a enlevé la disposition de leur fortune sont ré-
putés indignes. Le juge qui pendant son exercice ne réunit plus les
conditions légales est déposé par la chambre civile du tribunal

---

(1) Dans les séances des 4 et 5 octobre 1875, la commission a modifié l'article 83.
Elle a décidé que les tribunaux consulaires ne seraient compétents en matière commerciale que pour les demandes supérieures à 300 marcs (amendement du docteur
Grimm), et dans le cas seulement où les deux parties, le demandeur et le défendeur,
seraient des commerçants. Sinon, les tribunaux civils seront compétents ; les
affaires de change seront également renvoyées devant eux (amendement Klotz,
adopté par 9 voix contre 7). Enfin, à l'énumération de l'article 83, elle a ajouté les
demandes basées sur la loi du 30 novembre 1874, qui assure la protection des marques
de fabrique, Markenschutz.

supérieur. Dans les villes maritimes, les marins et mariniers sont éligibles.

Les juges consulaires prêtent serment à leur entrée en charge. Ils ont tous les droits et sont soumis à tous les devoirs des fonctionnaires judiciaires.

Telles sont les formes de la justice commerciale.

Le projet de loi réalise ainsi quelques-unes des réformes que depuis de longues années les congrès scientifiques, qui donnent à l'Allemagne une si puissante vie intellectuelle, et que la France doit lui envier, demandaient à la législation; il a déféré aux vœux si souvent exprimés par les assemblées commerciales.

Malgré une expérience qui semble décisive et le mouvement accentué de l'opinion publique, la commission, revenant en arrière aux premiers jours du siècle, a, dans sa séance du 26 avril 1875, sur la proposition du conseiller Reichensperger, supprimé dans le projet les tribunaux de commerce. Trois voix seules se sont prononcées pour leur maintien. Elle a considéré que les raisons de droit et de fait qui militaient autrefois en faveur de l'institution française ne pouvaient plus être invoquées et avaient perdu leur intérêt d'actualité. Les tribunaux ordinaires ne sont-ils pas compétents, le projet de loi ne leur confie-t-il pas la justice commerciale en l'absence de tribunaux de commerce? Toutes les causes frappées d'appel ne sont-elles pas portées devant la justice civile? Pourquoi donc une juridiction spéciale? Pourquoi des défiances injustes, illogiques, et en quelque sorte intermittentes? L'expérience les a jugées. D'ailleurs, les transactions ne reposent plus sur de vieux usages, inconnus des légistes; on ne juge plus sur les usances et la coutume; un Code de commerce existe. L'application de la loi ne peut-elle être confiée aux magistrats, et faut-il être commerçant pour la comprendre? Les études juridiques ne s'imposent-elles pas au contraire au juge commercial, aussi bien qu'au juge de droit commun? ne sont-elles pas la condition d'une forte justice? Enfin, la juridiction consulaire se justifie-t-elle par une compétence spéciale des juges? Mais cette compétence se restreint à la nature de leurs affaires, et dans la pratique les experts sont aussi nécessaires devant leur justice que devant la justice civile. Les conflits ne s'élèveront-ils pas fréquents entre les deux justices? Les difficultés ne surgiront-elles pas incessantes de la composition mixte des tribunaux? La nouvelle juridiction, en un mot, sera inutile ou dangereuse. Les nécessités de la vie commerciale n'exigent qu'une seule chose, une procédure rapide; il n'est pas besoin de tribunaux d'exception pour l'appliquer.

Nous n'avons pas à défendre le projet de loi contre les théories fortement motivées de la commission ; les limites dans lesquelles cette rapide étude doit être maintenue ne le permettent pas. Il suffit de savoir que la décision a été accueillie par d'ardentes attaques ; l'émotion du monde commercial a été considérable, l'agitation est vive. La presse s'est emparée de la question ; de tous côtés, des adresses, des pétitions ont été adressées au Conseil fédéral : les chambres de commerce de la haute Bavière ont envoyé une députation au ministre de la justice bavarois D<sup>r</sup> v. Faeustle ; les villes hanséatiques ont suivi l'exemple ; le président et les membres des chambres de commerce de Mulhouse, Colmar et Strasbourg se sont rendus à Berlin, et ont intercédé auprès de M. de Bismarck pour le maintien d'une institution déjà vieille de trois siècles. Le comité permanent du congrès commercial, *Handelstag*, a convoqué une assemblée générale extraordinaire, qui s'est réunie le 29 mai 1875 à Berlin ; elle était composée des représentants de cent huit chambres de commerce, et elle a maintenu énergiquement ses précédentes résolutions en faveur de la justice commerciale. Enfin, dans sa séance du 25 juin 1875, le Conseil fédéral a chargé ses commissaires d'insister auprès de la commission pour le maintien de la juridiction consulaire. L'accueil que ces protestations unanimes ont reçu de l'opinion et de l'autorité fédérale permet de supposer que le Reichstag ne consacrera pas la décision de la commission (1).

TITRE VII. *Tribunaux supérieurs (Oberlandesgerichte)*, art. 93-96. — La justice est rendue en deuxième instance par les tribunaux supérieurs.

Ils se composent d'un président et du nombre nécessaire de présidents de chambre *Senats präsidenten*, et de conseillers. Ils se divisent en chambres civiles et criminelles, composées de cinq juges. Aucun commerçant ne participe à leur justice en matière commerciale ; les législations de Lübeck, Bremen, Coburg, Württemberg et Bavière admettaient, au contraire, la participation d'assesseurs commerçants.

Devant leur justice sont portés : les appels des jugements des

---

(1) Déjà, sur la demande du Conseil fédéral, la commission a consenti à examiner, sous réserve, les dispositions du titre VI ; une sous-commission a été déléguée, elle a posé comme base de ses délibérations l'hypothèse que le Reichstag se prononcerait pour le maintien des tribunaux de commerce, et elle a procédé, dans les séances des 1<sup>er</sup> et 2 octobre 1875, à l'étude des institutions consulaires. S'inspirant de ses travaux, la commission, dans les séances des 4 et 5 octobre, a modifié, comme il a été dit ci-dessus, l'article 83 et a adopté les articles 81-82, 84-92 du projet.

tribunaux civils de district ou de commerce; — les pourvois ou recours en révision, *Revision,* contre les jugements des tribunaux d'échevins; — les pourvois contre les jugements des tribunaux correctionnels pour violation d'une règle de droit particulière à la législation locale; — les oppositions (*Beschwerde*) contre les jugements des tribunaux civils de district et de commerce; — les oppositions contre les jugements et les décisions rendus en matière pénale, en tant que ces oppositions ne ressortent pas à la chambre du conseil d'un tribunal de district.

TITRE VIII. *Tribunal fédéral (Reichsgericht.*), art. 97-112.

Le titre VIII établit un tribunal fédéral : c'est le dernier pas sur la voie de l'unité ! Les liens qui enserrent l'Allemagne deviennent chaque jour plus étroits. L'unité n'existera pas seulement par l'uniformité des textes et des institutions ; la vie juridique sera dominée par un tribunal unique; tous les États, toutes les législations, tous les tribunaux seront soumis et devront s'incliner sous une autorité commune qui pèsera également sur tous d'un joug aussi lourd et les abaissera sous une même loi. L'unité sera faite : un tribunal unique, gardien vigilant de la Constitution, dispensera le droit et veillera, sentinelle avancée, à l'intégrité et à la sûreté du nouvel Empire.

C'est là une institution qui semble particulière à un État unitaire et incompatible avec le principe fédéral et l'indépendance des États allemands. Mais les nationaux libéraux ont le courage de l'inconséquence, et c'est sans hésiter qu'ils dépouillent les princes allemands de la souveraineté judiciaire. Les dernières résistances ont été vaincues; la Bavière s'est soumise. Toutes les Cours suprêmes sont supprimées par le projet de loi, sacrifiées à la nouvelle justice qui les remplace. La création du Reichsgericht marque le dernier terme des indépendances provinciales et est le symbole juridique de l'unité.

Un tribunal fédéral est créé, son siége sera désigné par une ordonnance de l'Empereur, approuvée par le Conseil fédéral. Il est facile de prévoir sur quelle ville portera le choix impérial : la Prusse ne laissera pas échapper l'occasion d'affirmer sa domination, et les craintes des adversaires de la prussification se réaliseront sans doute. Dans la séance du 14 janvier 1875, le président Delbrück, en demandant au Parlement de voter les crédits nécessaires pour l'acquisition des hôtels des princes Radziwill, — qui ne devaient être affectés à aucune destination avouée, — ne disait-il pas que Berlin serait très-vraisemblablement choisi comme siége de la justice fédérale?

Le tribunal se compose d'un président, de vice-présidents,

*Senats präsidenten*, et de conseillers nommés par l'Empereur sur la présentation du Conseil fédéral. Il comprend des chambres, *Senate*, civiles et criminelles ; il se réunit en séances plénières, *im Plenum*, pour délibérer sur les affaires d'organisation intérieure et de discipline. Le président préside les séances plénières et la chambre à laquelle il appartient; les autres chambres sont présidées par les vice-présidents. Les présidents empêchés sont remplacés par le doyen de chaque chambre, c'est-à-dire par le conseiller le plus ancien, ou, en cas d'égalité de service, le plus âgé.

Les chambres se composent de sept conseillers au moins ; ce nombre est nécessaire pour qu'un jugement soit rendu. Dans les séances plénières, ou dans les audiences solennelles de plusieurs Sénats, les deux tiers des membres du tribunal ou des Sénats assemblés doivent être présents et prendre part à la décision. Dans tous les cas, le nombre des juges délibérants doit être impair; s'ils se trouvent en nombre pair, le plus jeune conseiller présent par ordre de service ou par rang d'âge n'a pas voix délibérative.

Une des plus sérieuses difficultés que doit rencontrer, dans la pratique, le tribunal fédéral jusqu'au jour de l'unité du droit civil, c'est l'existence, en Allemagne, de trois systèmes complets et indépendants de législation : le droit français, le droit commun et le droit prussien se partagent l'Empire. Le tribunal devra appliquer ces trois droits civils, séparés par tant de divergences. Il importait donc de lui laisser le soin de fixer lui-même l'ordre et la répartition de ses travaux ; lui seul peut savoir s'il y a lieu d'affecter les *Sénats* à des catégories d'affaires, de les séparer en quelque sorte par des frontières géographiques, et de répartir les procès suivant le pays d'origine et le droit qui les régit. La délibération est prise en séance plénière et doit être approuvée par le Conseil fédéral (art. 112).

Le roulement dans les chambres est fixé, chaque année, par le président; lui seul pourra composer les *Sénats* de membres versés précisément dans la connaissance de la loi que le *Sénat* devra appliquer.

C'est un tribunal fédéral : il domine toutes les législations, sa juridiction s'étend sur tout l'Empire, l'Allemagne tout entière est intéressée à son organisation, et le projet de loi aborde toutes les questions que, jusque-là, il avait abandonnées aux législations locales, débris de leurs indépendances passées : capacité et situation des juges, roulement, discipline, inamovibilité; il fixe et précise tout.

Pour être membre de la justice fédérale, il faut être âgé de trente-cinq ans, avoir la capacité juridique exigée dans l'un des États de l'Empire, ou bien avoir été professeur ordinaire de droit dans une

Université allemande. Les membres du tribunal fédéral sont inamovibles. Le magistrat qui a été condamné pour faits déshonorants ou qui a été frappé d'une peine de plus d'un an d'emprisonnement, peut être déposé sur les conclusions du procureur général fédéral, ses explications entendues, par le tribunal assemblé en séance plénière. En cas d'instruction ouverte pour un crime ou un délit, ou de détention préventive, la suspension n'est que provisoire et n'entraîne pas la perte du traitement.

La limite d'âge est inconnue ; si des infirmités physiques ou intellectuelles rendent, d'une façon permanente, un magistrat incapable de continuer son service, il doit se retirer ; s'il ne le fait, c'est au président qu'il appartient de l'avertir et de le mettre en demeure de demander, dans un délai déterminé, sa mise à la retraite. Sur son refus, le tribunal peut, en séance plénière, sur les conclusions du ministère public, le mettre d'office à la retraite. Une pension, *Ruhegestalt*, lui est assurée ; elle est de 20/60 du traitement pour les dix premières années de service ; elle s'augmente ensuite de 1/60 pour chaque année jusqu'à la cinquantième année, et atteint alors l'intégralité du traitement : sont comptées les années passées au service de l'Empire ou d'un État fédéral comme avocat, avoué, notaire, juge patrimonial ou professeur ordinaire de droit. Les longs services des vieux serviteurs de la justice trouvent ainsi une récompense digne d'une grande nation, une pension honorable et progressive, et ils ne sont jamais exposés à quitter leurs fonctions sans que l'État reconnaissant ne leur assure une retraite digne de leurs travaux.

Le tribunal fédéral statue : au civil, sur les recours en révision des jugements définitifs des tribunaux supérieurs, et sur les oppositions contre les décisions des mêmes tribunaux ; — au criminel, sur les recours en révision des jugements des tribunaux correctionnels, si le recours ne doit pas être porté devant les tribunaux supérieurs, et des arrêts des Cours d'assises, enfin, sur les oppositions contre les décisions des tribunaux supérieurs. Les révisions ne sont admises que pour violation d'une règle générale de droit ou d'une loi fédérale.

Lorsqu'un *Sénat* veut s'écarter, en droit civil ou criminel, d'une décision prise antérieurement par un autre *Sénat*, et modifier ainsi la jurisprudence du tribunal fédéral, l'affaire doit être renvoyée devant tous les *Sénats* civils ou criminels assemblés, qui jugeront en audience solennelle.

Tribunal suprême, le tribunal fédéral est unique en Allemagne ; à lui seul appartient la troisième instance ; son autorité s'étend sur tous les tribunaux de l'Empire. Dans le domaine juridique, il a pour mission de veiller au respect de la loi et d'assurer l'uniformité de la jurisprudence.

Une autre mission, spéciale et exceptionnelle, lui est également confiée ; il est haute Cour de justice, dans les cas de trahison contre l'Empire ou l'Empereur. Il dirige l'instruction et rend le jugement en première et dernière instance. Un conseiller, désigné par le président, fait l'instruction ; le premier *Sénat* criminel remplit le rôle de chambre des mises en accusation ; les deuxième et troisième *Sénats* assemblés jugent.

Le tribunal fédéral remplace le tribunal supérieur de commerce de Leipzig ; la juridiction spéciale, affectée en matière criminelle à la haute Cour d'appel de Lübeck par la constitution fédérale du 16 avril 1871, prend également fin.

TITRE IX. *Du ministère public (Staatsanwaltschaft)*, art. 113-123. — A côté des tribunaux chargés d'appliquer la loi et de rendre la justice, le projet de loi institue un ministère public. C'est encore là une institution d'origine étrangère, inconnue du vieux droit germanique. C'est en 1848, au souffle de la tempête libérale qui bouleversa l'Allemagne, qu'elle pénétra avec les idées françaises dans ses Constitutions. Aujourd'hui encore, quatre États allemands, les deux duchés de Mecklenburg et les principautés de Schaumburg-Lippe et de Lippe, ne l'ont pas introduite dans leur vie judiciaire, et la justice est rendue sans sa participation. Les autres États l'ont successivement acceptée, mais en lui imposant des restrictions que notre loi ne connaît pas, avec une compétence limitée et des attributions qui modifient son caractère : c'est ainsi qu'en Saxe et en Saxe-Altenburg le ministère public ne fonctionne pas près des Cours d'appel, et qu'en Saxe-Coburg-Gotha aucun procureur n'est attaché aux tribunaux de bailliage. A chaque État d'ailleurs correspondent une loi spéciale et une organisation distincte du ministère public.

Le projet de loi établit l'unité.

Il institue un ministère public près de chaque tribunal, à l'exception cependant des tribunaux de commerce.

Le parquet du tribunal fédéral se compose d'un procureur général fédéral, *Oberreichsanwalt*, assisté d'un ou de plusieurs procureur fédéraux, *Reichsanwälte*.

Près des tribunaux supérieurs et des tribunaux de district, fonctionnent les procureurs d'État, *Staatsanwälte*.

Enfin, aux tribunaux de bailliage sont attachés des procureurs de bailliage, *Amtsanwälte*. Le projet de loi a maintenu le ministère public près cette juridiction, malgré les vives critiques qui se sont élevées. Son intervention est rendue indispensable par le caractère même de la justice des échevins et par la compétence étendue que le projet de loi lui assure; sa suppression aurait pour résultat de placer le juge dans une situation fausse vis-à-vis de ses assesseurs; c'est lui qui en fait deviendrait l'accusateur public.

Les fonctions du ministère public près les tribunaux de jurés ou d'échevins sont remplies par le procureur même du district ou du bailliage dans le ressort duquel se trouve le tribunal criminel.

Lorsque le parquet d'un tribunal comprend plusieurs membres du ministère public, l'un des procureurs, à qui un titre distinctif peut être donné, exerce l'autorité sur les autres; il est le chef et ils sont les substituts.

Les principes de l'organisation et de la hiérarchie française sont transportés dans le projet de loi.

Dans chaque État, le ministère public est un corps indivisible, obéissant à une direction unique; c'est le ministre de la justice qui le surveille et le dirige. Dans le ressort de chaque tribunal supérieur, le premier procureur du tribunal est le chef du ministère public; il a la direction et la surveillance, et il peut, s'il le juge convenable, agir près des tribunaux de son ressort. Il en est de même dans les districts; le procureur étend son autorité sur les procureurs de bailliage et peut substituer son action à la leur. Le procureur général et les procureurs fédéraux sont sous l'autorité immédiate du chancelier de l'Empire.

Le ministère public est indépendant des tribunaux. Son action s'étend sur le ressort même du tribunal auprès duquel il fonctionne. Si un conflit de compétence est soulevé en matière de poursuite criminelle entre plusieurs procureurs, c'est le procureur dont ils relèvent qui tranche le débat; et s'ils appartiennent à des États différents, ce droit appartient au procureur général fédéral.

Les membres du ministère public sont sous l'autorité de leurs chefs, et doivent obéir à leurs instructions. Dans les affaires qui sont en première et dernière instance de la compétence du tribunal fédéral, ils doivent suivre la direction du procureur général fédéral.

Officiers de police judiciaire, ils ont sous leurs ordres les agents de police et du service de la sûreté.

Le projet de loi ne s'occupe pas du recrutement du ministère public, des conditions de capacité qui doivent être exigées de ses membres, de leur situation judiciaire, etc.; ce sont là des questions qui sont abandonnées aux législations locales; il obéit aux mêmes motifs qui ont inspiré sa réserve lorsqu'il s'agissait de l'organisation des tribunaux. La situation du ministère public fédéral seul est réglée. Il ne fait pas partie de la magistrature ; le procureur général et les procureurs fédéraux ne sont pas des fonctionnaires judiciaires. Ils sont nommés par l'Empereur sur la présentation du Conseil fédéral ; ils doivent avoir la capacité juridique exigée par une des législations locales ; ils peuvent être mis à la retraite par ordonnance impériale.

Le projet de loi ne détermine pas la compétence des membres du ministère public et les fonctions qu'ils doivent remplir ; il ne tranche pas la question, toujours agitée, des limites de leur intervention. Leur rôle est-il exclusivement criminel, ou doivent-ils au contraire apparaître dans la justice civile? C'est au Code de procédure que la question est renvoyée, et c'est là que se trouve la solution. Cette solution est favorable à la restriction des pouvoirs du ministère public, et la commission, dans sa séance du 26 mai 1875, a même adopté un amendement des députés Herz et Eysoldt qui restreint encore son intervention et la supprime dans presque toutes les causes intéressant le mariage.

TITRE X. *Des greffiers* (*Gerichtsschreiber*), art. 124.

Un greffe est établi près de chaque tribunal.

Son organisation est réglée par les législations locales ; elles pourront s'inspirer des principes français adoptés par Württemberg, Bavière, Baden, Hessen et Oldenburg, et confier le greffe à un fonctionnaire unique responsable, ou le fractionner suivant le système allemand entre des employés indépendants, à fonctions déterminées, responsables chacun dans le cercle de ses attributions (secrétaires, rédacteurs, expéditionnaires, registratoren).

Une organisation uniforme est impossible ; elle doit se modeler sur la compétence des tribunaux et l'étendue de leurs attributions ; elle variera nécessairement d'État à État, suivant que la juridiction volontaire sera imposée aux tribunaux civils ou qu'ils seront exemptés de cette charge.

TITRE XI. *Des huissiers et agents d'exécution* (*Zustellungs u. Vollstreckungsbeamte*), art. 125-126.

Le projet de loi introduit en Allemagne des huissiers, *Gerichtsvollzieher*, officiers auxiliaires chargés des significations, citations, notifications et actes d'exécution. Il généralise une institution spéciale à quelques États seulement ; ailleurs, c'était aux tribunaux qu'incombait le soin de procéder à l'exécution des jugements.

Les législations locales régleront leur organisation et leur compétence.

L'article 126 se borne à établir en principe qu'un huissier ne peut instrumenter, au civil ou au criminel, ni pour lui, ni pour sa femme, ses ascendants et descendants, ses collatéraux jusqu'au troisième degré, et ses alliés jusqu'au deuxième, ni pour son mandant et ses coïntéressés.

TITRE XII. *Des rapports des tribunaux entre eux* (*Rechtshülfe*), art. 127-138.

Le projet de loi introduit l'unité de l'organisation judiciaire : les tribunaux appartiennent désormais à l'Allemagne tout entière, il faut que leurs jugements soient partout exécutoires et que leur autorité s'étende sur tous les habitants de l'Empire. La justice ne doit plus s'arrêter aux frontières politiques. Et généralisant la loi fédérale du 28 mai 1869, supprimant toutes les conventions particulières, le législateur tire les conséquences du principe qu'il pose.

Tous les tribunaux de l'Empire se doivent mutuellement assistance, *Rechtshülfe*, aussi bien dans les affaires civiles que dans les causes criminelles. C'est au tribunal de bailliage que la commission rogatoire doit être adressée; il intervient dans tous les actes judiciaires qui doivent se faire sur son ressort. La commission rogatoire ne peut être refusée lorsqu'elle émane d'une juridiction supérieure (tribunal de district ou supérieur); dans les autres cas, le tribunal commis ne peut se refuser à l'exécuter que s'il n'est pas compétent ou si une intervention illégale est requise. En cas de refus, c'est au tribunal supérieur dont relève le tribunal commis qu'il appartient de trancher le débat. Un recours contre sa décision n'est possible qu'à une double condition, si le refus du tribunal inférieur a été confirmé, et si les deux tribunaux intéressés relèvent de deux tribunaux supérieurs distincts. Le recours est porté devant le tribunal fédéral et se juge sans débat oral.

L'intervention des tribunaux n'est pas nécessaire, lorsqu'il ne s'agit que d'actes de procédure à signifier par huissier. Les tribunaux, le ministère public et les greffiers peuvent également, sans commission rogatoire, recourir à l'intermédiaire des greffiers d'un autre tribunal pour transmettre des ordres aux huissiers.

Les peines d'emprisonnement, dont la durée ne dépasse pas six semaines, doivent être subies au lieu où se trouve le condamné. Supérieures, elles sont une charge pour l'État qui les fait exécuter, et les condamnés doivent être livrés au tribunal qui les a jugés. C'est au procureur du district qu'il appartient de veiller à l'exécution de la peine et au transfèrement, c'est à lui que la justice des tribunaux intéressés doit s'adresser.

Les frais qu'entraîne l'exécution de la peine ou le transfèrement doivent être remboursés au tribunal commis; ce dernier les recouvre pour le compte du tribunal commettant. Les taxes appliquées aux témoins sont celles qui sont en vigueur près du tribunal devant lequel ils comparaissent.

Les agents de police d'un État peuvent poursuivre et saisir, sur le territoire d'un État allemand voisin, un prévenu en fuite, mais ils doivent le remettre immédiatement à l'autorité du lieu où ils l'ont arrêté.

Titre XIII. *De la police des audiences (Œffentlichkeit u. Sitzungspolizei)*, art. 139-149.

La justice est rendue publiquement. Les affaires concernant le mariage seules sont jugées secrètement. Le tribunal peut ordonner le huis clos si les débats publics doivent entraîner des scandales ou des troubles contre l'ordre public. La délibération des jugements est secrète.

Le président a la police de l'audience ; il peut interdire l'accès des audiences publiques aux enfants et aux personnes qui ont été privées de leurs droits civiques ou qui n'ont pas une tenue convenable. Il rappelle les assistants à l'ordre; s'ils n'obéissent pas à l'avertissement, ils peuvent, par décision du tribunal, être expulsés de la salle d'audience, et, s'ils résistent, être arrêtés et détenus pendant un temps qui ne doit pas dépasser vingt-quatre heures.

Les perturbateurs peuvent, indépendamment de toute poursuite judiciaire, être frappés d'une peine de 100 marcs d'amende ou de trois jours de prison ; l'opposition n'est pas recevable.

C'est au président qu'il appartient de provoquer les décisions du tribunal.

Procès-verbal doit être dressé des mesures d'ordre prises contre les personnes qui remplissent une fonction près le tribunal, et des peines prononcées contre les perturbateurs. Si un délit est commis à l'audience, il doit être constaté par un procès-verbal qui est adressé de suite à l'autorité compétente; le coupable peut même être arrêté immédiatement.

Titre XIV. *Langue judiciaire (Gerichtssprache)*, art. 150-157. — L'allemand est la langue judiciaire (art. 150). C'est là une déclaration dont l'utilité et la portée nous échapperaient, s'il ne fallait y voir une douloureuse allusion aux malheureuses provinces que nous avons perdues. Le Parlement de Francfort déclarait, en 1848, que le Mincio était la frontière allemande, et il incorporait dans l'Allemagne qu'il rêvait aussi bien le duché de Posen que les villes italiennes et les races du Schleswig : c'est ainsi que dans son égoïsme brutal et avec son esprit de convoitise démesurée et de domination impitoyable, il comprenait le respect des nationalités! Le Parlement fédéral imposera, en 1876, à la Lorraine française et aux populations polonaises une langue qu'elles ne peuvent comprendre.

L'article 150 est, en effet, dirigé contre elles seules; il a pour but de mettre fin aux exceptions que la conquête avait respectées. L'ordonnance du 9 février 1817, article 143, avait autorisé l'usage de la langue polonaise devant les tribunaux, si les parties ou le plaignant ne comprenaient que cette langue. La loi du 14 juillet 1871 avait admis qu'en Alsace-Lorraine les débats pourraient avoir lieu en français dans les affaires commerciales et correctionnelles, et devant les tribunaux de paix et de simple police, si les parties et les témoins ne parlaient pas la langue allemande. Ces priviléges, qui avaient pour but d'assurer la libre défense des intérêts et des accusés, sont supprimés par le projet. Il ne laisse aux nationalités étrangères que le droit d'avoir un interprète.

L'article 152 assure le même privilége aux sourds et aux muets. Le rapprochement est piquant; est-ce donc l'aveu que le cœur de ces populations est fermé à jamais à la civilisation allemande, et les résistances de leur patriotisme aussi sûrement que les infirmités de la nature les excluent-elles du commerce de leurs vainqueurs?

L'interprète prête serment de remplir fidèlement et consciencieusement sa mission; ses fonctions peuvent être remplies par le greffier. Les règles qui régissent la nomination et la récusation des experts s'appliquent aux interprètes.

Les personnes qui interviennent au procès prêtent serment, s'il y a lieu, dans leur langue maternelle.

Le tribunal apprécie s'il convient d'accorder ou de refuser la parole aux parties qui ne parlent pas la langue allemande et aux sourds qui n'ont pu suivre les débats.

Titre XV. *Des délibérations et du jugement (Berathung u. Bestimmung)*, art. 158-163. — La loi a fixé la composition des chambres et des tribunaux. Un jugement ne peut être rendu que par le nombre de juges déterminé par le projet; il n'établit pas un minimum, il pose un chiffre réel qui n'est susceptible d'aucune variation : il importe que la place ne soit pas laissée à l'arbitraire, et que le pouvoir ne puisse augmenter pour un cas spécial le nombre des juges d'une chambre, et créer ainsi une majorité factice ; ce sont là les dangers auxquels la fixation du minimum seul expose la justice et que paraît redouter le projet de loi.

Si la longueur des débats l'exige, le président peut ordonner l'adjonction d'un juge, qui assistera au procès, mais ne prendra part au jugement que si l'un des juges titulaires vient à être empêché. Il en est de même pour les jurés et les échevins.

Le président dirige les débats, pose les questions et recueille les avis. Si des difficultés s'élèvent sur la position des questions ou le résultat du vote, c'est au tribunal qu'il appartient de les trancher.

Les juges, jurés et échevins ne peuvent refuser de répondre à une question, sous prétexte qu'ils se sont trouvés en minorité sur la question précédente.

Les jugements sont rendus à la majorité absolue. Le juge le moins ancien vote le premier; dans les tribunaux d'échevins ou de commerce, c'est au plus jeune qu'appartient ce privilége; dans les tribunaux d'assises, le sort fixe l'ordre de vote, le président ou le chef du jury, *Obmann*, vote le dernier.

Les échevins et les jurés doivent garder le secret des délibérations et du vote.

Titre XVI. *Des vacances (Gerichtsferien)*, art. 164-166.

Les vacances commencent le 15 juillet et prennent fin le 31 août; c'est le temps de la moisson. En outre, les législations locales peuvent décider que les tribunaux vaqueront à certains jours de fête.

Les affaires urgentes, dites causes des vacances, *Feriensachen*, sont expédiées par une chambre des vacations. Ce sont les affaires criminelles, les difficultés sur saisie, les affaires de foire et de marché, les difficultés en matière de location soulevées par les congés et l'entrée en jouissance, les contestations sur effets de commerce, les causes intéressant les travaux en construction, enfin toutes les affaires que le tribunal ou le président juge urgentes.

Les vacances sont sans effet sur les procédures de faillite et d'exécution forcée.

Les délais ne courent pas pendant ce temps.

Telle est l'organisation projetée et soumise aux délibérations du Reichstag; c'est à cette loi qu'est confiée l'œuvre de l'unification judiciaire de l'Allemagne.

Une loi complémentaire, dite d'introduction, *Einführungsgesetz*, règle en quelques articles la mise en vigueur; elle se propose également de fixer les droits réservés aux législations locales, et à ce titre elle mérite une rapide attention.

La loi d'organisation judiciaire entrera en vigueur, en même temps que les lois de procédure, à une date qui sera ultérieurement déterminée; elle régit tout l'Empire (art. 1).

Les législations locales peuvent instituer les tribunaux d'exception prévus par les articles 2 et 3 du projet ou renvoyer devant la justice ordinaire les affaires de leur compétence. Dans le premier cas le tribunal fédéral, sur la demande de l'État intéressé et par décision impériale rendue sur l'avis du Conseil fédéral, pourra être la juridiction de dernière instance; dans le second cas, la compétence des tribunaux ordinaires peut être modifiée par des règles spéciales (art. 3).

Les tribunaux sont chargés de la justice ordinaire contentieuse (art. 2). Une autre mission peut leur être confiée, et les charges de l'administration judiciaire et de la juridiction volontaire peuvent également leur être imposées (art. 4). Cette décision, qui permet aux législations locales de modifier la physionomie des tribunaux, le cercle de leurs attributions et de leur existence juridique, est avec raison l'objet de vives critiques ; elle supprime en fait l'unité des institutions, elle consacre les organisations défectueuses qui confondent la justice avec la bureaucratie, et la surchargent de fonctions indignes de son caractère et de son indépendance. C'est la conséquence nécessaire des lacunes du projet de loi ; il ne peut y être remédié que par la création d'un notariat indépendant, question qui n'est pas même soulevée par le projet.

La législation locale fixe la juridiction à laquelle sont soumis les souverains du pays, les membres de leur famille et de la famille princière Hohenzollern (art. 5). Enfin, le projet de loi respecte la justice militaire, aussi bien que la justice exceptionnelle dont sont justiciables au criminel les princes médiatisés, *Standesherrn*, lorsqu'elle repose sur des traités (art. 6).

L'article 7, le plus important, introduit une dérogation complète aux principes rigoureux de la nouvelle organisation, et restitue aux États fédéraux une partie de la souveraineté judiciaire dont ils étaient dépouillés. Il décide que, dans les États où fonctionneront plusieurs tribunaux supérieurs, *Oberlandesgerichte*, un tribunal suprême, *Oberstes Landesgericht*, pourra être institué. Sa juridiction se substituera à celle du tribunal fédéral, et sa compétence s'étendra au civil sur tous les pourvois en révision et toutes les oppositions qui auraient dû être portés devant la justice de l'Empire ; les affaires soumises au tribunal supérieur de commerce ou renvoyées par une loi fédérale devant le tribunal fédéral sont seules exceptées.

L'unité de la justice est brisée, semble-t-il; la troisième instance est rendue aux États, et leur indépendance judiciaire est reconnue. Le principe est posé, mais à la règle on apporte l'exception qui la supprime, et à la justice nouvelle on oppose ces vieux privilèges de *evocando* ou de *non appellando*, d'où est sortie au moyen âge, sur les ruines de la justice impériale, la souveraineté judiciaire. C'est encore là le droit du fort : les grands États fédéraux pourront se soustraire à la domination judiciaire de l'Empire, elle ne pèsera que sur les faibles.

Aussi, cette disposition, qui semble incompatible avec la logique du projet et le but poursuivi, a-t-elle soulevé au Parlement les plus ardentes oppositions; la couronne de l'unité est mise en pièces avant qu'elle n'ait été posée sur le front de l'Allemagne, s'écriait avec une emphatique lourdeur le docteur Römer. De toutes parts l'article 7 est attaqué, il semble cependant qu'il ne mérite pas d'aussi vives colères; il n'est qu'un compromis, qu'une concession faite aux résistances de la Bavière, que le prix de son consentement; c'est peut-être un temps d'arrêt sur la voie de l'unité, mais l'avenir n'est pas menacé. Le Parlement aura toujours le droit de soustraire ses lois à la juridiction des tribunaux suprêmes, et il pourra leur enlever tout le droit civil qu'il est appelé à faire. Les concessions cesseront d'ailleurs avec les résistances, et la loi d'introduction disparaîtra bientôt avec les circonstances qui l'auront provoquée. La loi d'organisation judiciaire crée l'unité, et elle l'introduira victorieusement dans la vie juridique de l'Allemagne.

L'article 9 applique aux tribunaux suprêmes les règles d'organisation du tribunal fédéral.

Dans les États où fonctionneront plusieurs tribunaux supérieurs, la législation locale pourra confier à l'un d'eux exclusivement le jugement des pourvois et oppositions en matière criminelle, aussi bien que les appels de la justice commerciale (art. 8).

Les derniers articles, articles 10, 11, 12, 13, 14, renferment des dispositions transitoires. Le tribunal supérieur de commerce, la Cour criminelle de Lübeck et tous les tribunaux de troisième instance disparaissent; le tribunal fédéral lui succède; c'est devant cette nouvelle justice que seront renvoyées toutes les causes pendantes devant les juridictions supprimées. Ce renvoi, qui est de droit pour les causes des tribunaux fédéraux de Lübeck et Leipzig, n'a lieu en ce qui concerne les tribunaux de troisième instance que par ordonnance impériale rendue sur l'avis du Conseil fédéral. Et, dans ce cas, pour éviter l'encombrement des procès, des chambres temporaires, *Hülfsenate*, composées des magistrats des tribunaux supprimés, pourront être attachés au tribunal fédéral jusqu'à complet épuisement du rôle.

L'article 14 et dernier décide que les membres du tribunal supérieur de commerce de Leipzig seront mis à la retraite avec maintien de leur traitement, ou attachés au tribunal fédéral.

Telles sont les institutions que l'Empire se propose d'introduire en Allemagne.

Il est difficile de prévoir aujourd'hui le jour où la loi sera votée et la réforme accomplie; les travaux de la commission avancent avec une lenteur qui lui a été souvent reprochée (1), les épreuves de deux lectures sont encore à subir, et ce n'est pas avant la session d'automne 1876 qu'est espéré par la presse allemande le vote définitif du Parlement.

Quelle est la valeur politique du projet? Quelle sera son influence sur les destinées de l'Allemagne? Répondra-t-il à l'idée qui l'a conçu? Assure-t-il l'unité? L'avenir répondra. Le temps seul enseigne si le but atteint réalise les espérances soulevées.

Instrument de la politique, il présente toutes les faiblesses et toutes les contradictions de la politique. C'est une œuvre incomplète, illogique, de concession aux fidélités et aux scrupules particularistes, de compromis devant les résistances locales. A ce titre, de tous les côtés les critiques ont été vives.

Quoi qu'il en soit, la réforme judiciaire que tente l'Allemagne soulève de nombreux problèmes; d'importantes réformes sont proposées, de graves questions juridiques sont agitées. Le temps n'est-il pas venu de les étudier? Les laisserons-nous passer d'un œil préoccupé, avec une attention distraite? Ne saurons-nous en dégager de grandes et utiles leçons? Nous avons ouvert la route, nous nous devons à nous-mêmes, à notre gloire, à nos malheurs, de ne pas nous arrêter stationnaires sur la voie que nos Codes ont tracée. L'avenir est à ceux qui marchent, c'est-à-dire qui travaillent et qui luttent.

(1) Nommée pour l'intervalle de deux sessions parlementaires, la commission a vu sa mission expirer le 27 octobre 1875, à la rentrée du Reichstag, et sa tâche était loin d'être achevée. Elle avait tenu 94 séances, avait étudié le projet de procédure civile en première et deuxième lecture, le projet d'instruction criminelle en première lecture seulement, et n'avait abordé que quelques dispositions de l'organisation judiciaire. L'œuvre était immense! Le Reichstag a, dans sa séance du 29 octobre 1875, renommé les membres de la commission, et, dans la séance du 25 janvier 1876, prorogé ses pouvoirs jusqu'à la prochaine convocation du Parlement.

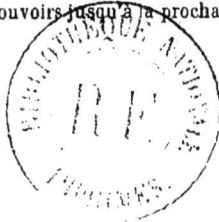

Paris. — Imprimerie Arnous de Rivière et C*, 26, rue Racine.

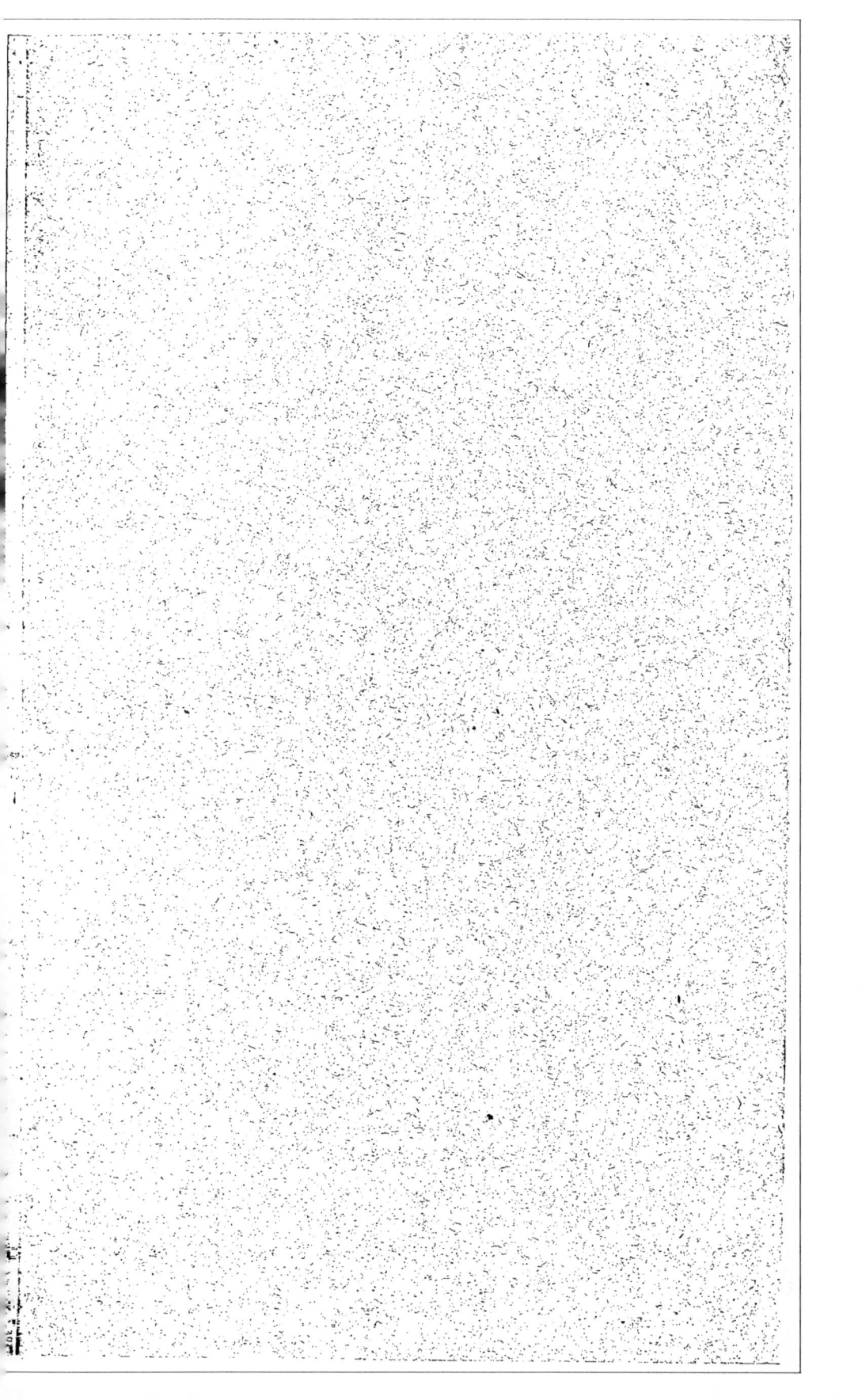

PARIS. — IMPRIMERIE ARNOUS DE RIVIÈRE ET Cᵉ, 26, RUE RACINE.

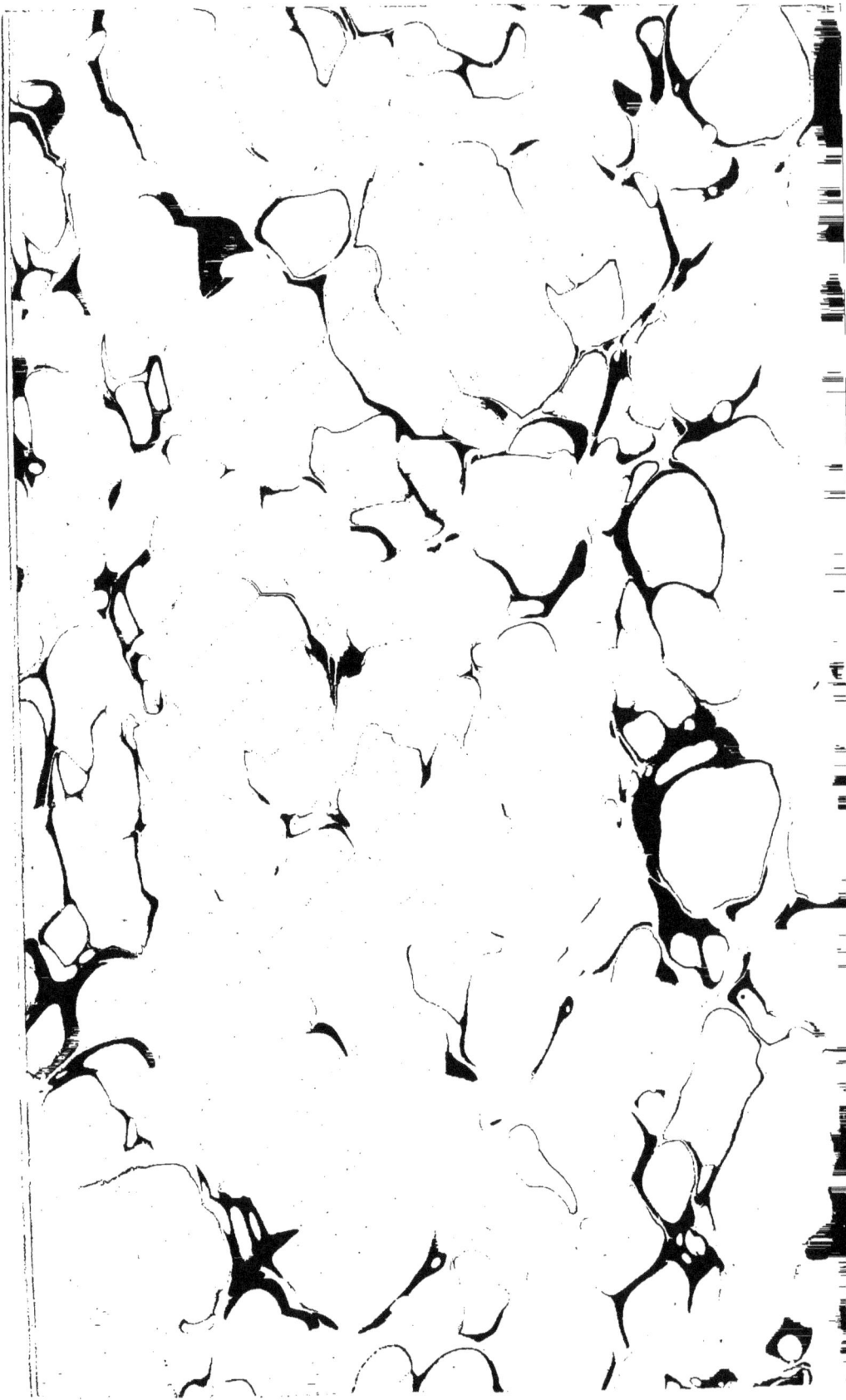

www.ingramcontent.com/pod-product-compliance
Lightning Source LLC
Chambersburg PA
CBHW032305210326
41520CB00047B/2167